老HRD
手把手
▼
系列

第二版

老HRD手把手教你
做人力资源管理

实操版

闫轶卿◎著

中国法制出版社
CHINA LEGAL PUBLISHING HOUSE

企业人力资源管理"手把手"丛书
专家顾问委员会成员

（以下排名顺序不分先后）

隆　雨　　京东集团首席人力资源官及法律总顾问
王文萍　　奇虎 360 人力资源总监
张如国　　新东方教育集团助理副总裁兼人力资源总监
马永武　　腾讯学院院长
胡劲松　　乐视网人力资源高级总监
蔡元启　　海尔集团全球人才平台总监
高晓宇　　酒仙网资深人力资源总监
李　琳　　凤凰网人力资源中心总经理
徐惠来　　清华同方本部人力资源总监
刘　莹　　恒安集团人力资源总监
张晓春　　新奥集团人力资源总监
杨　勇　　安踏集团总裁助理兼人力资源总监
王珏珅　　宇通客车人力资源总监
陈毅贤　　北京中科金财科技股份人力资源副总裁
黄治民　　北京北斗星通科技股份人力资源副总裁
周留征　　北京东土科技股份副总裁
刘亚玲　　北京华胜天成科技股份人力资源总经理
刘法圈　　联想控股融科智地房地产人力资源总监
赵小兵　　敦煌网人力资源高级顾问
张成强　　京翰教育集团人力资源总监
周　博　　中国电信翼支付人力资源总监

张　萌　光大永明人寿保险人力资源部总经理

李　瑛　东方国信人力资源总监

肖冬云　天音通信人力资源总监

王文涛　凌云光子集团人力资源副总裁

李美平　远光软件股份有限公司副总裁

薛　燕　天极传媒集团人力资源总监

王永贤　北京立思辰科技人力资源副总裁

王志成　亿龙集团人力资源副总裁

刘立明　北京建谊投资（集团）高级副总裁

张银昆　北京合纵科技股份人力资源副总裁

李　亮　万达集团人力资源管理中心副总经理

刘海赟　易车网人力资源中心总经理

高文举　微才网首席执行官

廖　亮　中国邮政人力资源总监

陈　沁　亚信集团薪酬福利总监

张　欣　北京华联商厦人力资源总监

兰　雨　人人网人力资源总监

赵东辉　拉卡拉人力资源总监

俞　波　新中大软件股份有限公司人力资源总监

王立平　北京久其软件人力资源总监

李默成　大公国际人力资源总监

姜　杉　中金数据科技人力资源总监

陈守元　易华录科技股份人力资源总监

张　琰　紫光集团人力资源部经理

徐冰雪　工商银行数据中心人力资源部经理

曹　冰　恒宝科技人力资源总监

郭　奇　北京盛百味餐饮集团总经理

企业人力资源管理实践领域一大盛事

我国企业从二十世纪九十年代开始人力资源管理转型，历经二十多年的发展，水平仍然参差不齐，有些企业已经进入战略人力资源管理阶段，同时也有不少企业仍然在人事管理阶段徘徊。究其原因，一是企业领导人对人力资源管理的认识不到位，二是人力资源管理专业人员的业务能力不达标。现有的出版物在服务企业家学习人力资源管理方面基本是够用的，但在提升人力资源专业人员的业务能力方面，则尚有缺欠。师带徒、边干边学仍是中国企业人力资源新兵们"习武"的主要方式。

人力资源管理是一门致用之学，既有系统深入的理论基础，又有复杂多变的操作规则和艺术。综观书市，以人力资源管理为题的教材和理论性书籍林林总总、数不胜数，但完全由业界人士撰写的实战型精品却难得一见。中国法制出版社联手国内顶尖名企的人力资源高管共同打造"老 HRD 手把手系列丛书"，契合此领域学习资料之短板，可谓年轻人力资源管理业者之幸。

这套丛书的出身决定了它的独特个性。

1. 作者"道行深"：优秀的作者才能写出优秀的作品。这套丛书的"爸爸妈妈"们都是硕士学历，接受过高水平的系统教育。他们从基层一步一步成长为人力资源高管，经历过多番变革，处理过多种矛盾，至今奋战在企业人力资源管理第一线。他们不仅深谙人力资源管理理论，更精通人力资源管理操作技巧，可以说，他们都是"有道行"的人，是有能力写出既有"仙气"又接"地气"的作品的人。

2. 内容"实"：本书的内容以"实战、实用、实效"为导向，书中所有实践经验均来自国内一流名企，这些公司都具有鲜明的代表性。书中不仅有文字描述和对理念、原则的介绍，而且有大量"开袋即食"型的流程、工具和表格，新手可以借此实现本公司实践与优秀公司经验之间的无缝对接。

3. 文字"简"：本套丛书没有将"简单问题复杂化"，没有赘述枯燥的管理理论，表达简洁直接，便于读者快速把握要点。

4. 主题"全"：本套丛书涵盖企业招聘、绩效、培训和薪酬等各项职能，每本书又覆盖了一项职能中几乎所有的细节，可谓人力资源管理实操大全，为企业构建规范化、精细化人力资源管控体系提供了一整套解决方案，也为人力资源专业人员成为全能型选手提供了十八般兵器。

正是因为本套丛书的以上特点，我很高兴、很荣幸写这个小序，一是向读者朋友推荐这些书，二是向作者致敬、祝贺。这套书不仅适用于企业人力资源管理专业人员中的新手和生手，也值得老手们参考。它山之石可以攻玉，在一个企业做久了，思路容易有局限，相信这套书也能给老手们带去清新之风。

我还要从高校教师和学生的角度感谢作者和出版社。大部分教授人力资源管理课程的老师都没有人力资源管理的实战经验，学生也难有机会全面了解企业人力资源管理的真实面貌，这套书把企业实践搬到师生眼前，虽不能代替调研和实践，却能让师生离企业更近。对高校的教学活动而言，这套书是很有价值的参考资料。

高境界的管理要做到知行合一、科学性与艺术性的有机统一，在这套"老 HRD 手把手系列丛书"里，我非常欣慰地看到了这一点。这同时也启发各位读者：尽信书不如无书，要将他人的经验和自己的实情相结合。人力资源管理有科学和普遍的成分，也有艺术和特殊的成分，把先进企业的经验作为铺路石去开拓自己的路，才是正确的做法。本书的价值在于告诉读者要做什么、怎么做、为什么做，至于是不是自己做、做到什么程度，则没有标准的答案。

中国企业的转型升级已经进入了关键阶段，人力资源管理在未来必将扮演越来越重要的角色。祝愿中国企业的人力资源管理能伴随企业的改革发展

达到新的高度！祝愿中国的人力资源管理同仁薪火相传，打造一支能被企业
领导和员工高度信赖的专业队伍，共同让人力资源成为中国企业决胜商场的
第一资源！

——清华大学经济管理学院
领导力与组织管理系副教授
曲庆

　　笔者在多年的 HR 实务工作过程中，一直想有一本人力资源管理专业的书，或者说是一本工具书，可以放在案头，随时在工作中查阅和使用。笔者从事人力资源管理工作近二十年，在日常工作中，仍需要就工作流程的某个具体环节与下属进行交流，仍需要查询一条具体的法律规定后再定夺如何处理员工关系，也需要在制订方案中使用某个具体的表格……现在，这本书有了！

　　在构思这本书的整体框架时，笔者是从一个人力资源管理从业者或者说企业管理者的角度出发的，梳理出人力资源管理重要的 14 个专项工作模块，每个模块中，提纲挈领地整理出 HR 管理者或企业管理者应重点掌握的工作要点、关键技能、关键流程和关键图表。在对每个专项工作模块展开叙述时，先以日常工作中的实际案例引发思考，之后概述工作模块或整体流程，再展开叙述具体模块的工作或流程中的关键工作，其中辅以相应的图表，最后再将与工作关联的法律法规进行整理与分析；归纳起来说，就是四个一："一套案例、一套流程、一套图表、一套法规"。

　　另外，在构架本书的内容时，笔者是以人力资源管理日常工作全景的方式进行，不仅涉及招聘、培训、薪资、绩效、员工关系等大的工作模块，也对人力资源计划、人事信息、特殊员工、制度建设等工作中常常会涉及的专项模块进行了阐述，希望这本书对人力资源管理的全模块、全流程能够有一个详细的整理，使这本书成为一个老师或助手，供人力资源管理专业人员及管理人员使用。

　　最后，期望这本书对大家有所帮助，真心希望它能在你的案头多驻扎一段时间！感谢大家的支持！

闫轶卿

CONTENTS 目录

第**4**章 入职管理

第**5**章 劳动合同

第12章 人事信息

第13章 制度建设

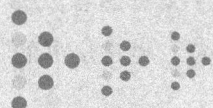
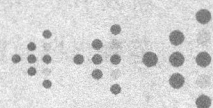

第**1**章

全书概览

很多人看书有一个习惯，跳过序和目录，直接看第一章，看了前几章后，一忙就放下了；等过了一段时间，拿起这本书再看，还是从第一章开始看。所以，笔者想把最重要的内容放在第一章，这一章是全书的概览，也是全书的备查！

1.1 全书整体结构

全书从日常人力管理需求出发，划分为常用的 14 个专项工作模块：HR计划、招聘管理、入职管理、劳动合同、薪资管理、福利管理、绩效管理、考勤管理、培训管理、特殊员工、人事信息、制度建设、离职管理、劳动争议。每一个专项工作模块是一章，每章开始的第一节都梳理了专项工作模块的"应知应会"，即工作模块中应掌握的工作要点、关键技能、关键流程和关键图表。

在每一章阐述时，整体的架构为"四个一"，即"一套案例、一套流程、一套图表、一套法规"。每章均以日常工作中的实际案例引发思考，之后概述工作模块或整体流程，再展开叙述具体模块的工作或流程中的关键工作，其中辅以相应的图表，最后再将与工作关联的法律法规进行整理与分析。

全书的整体结构见图 1-1。

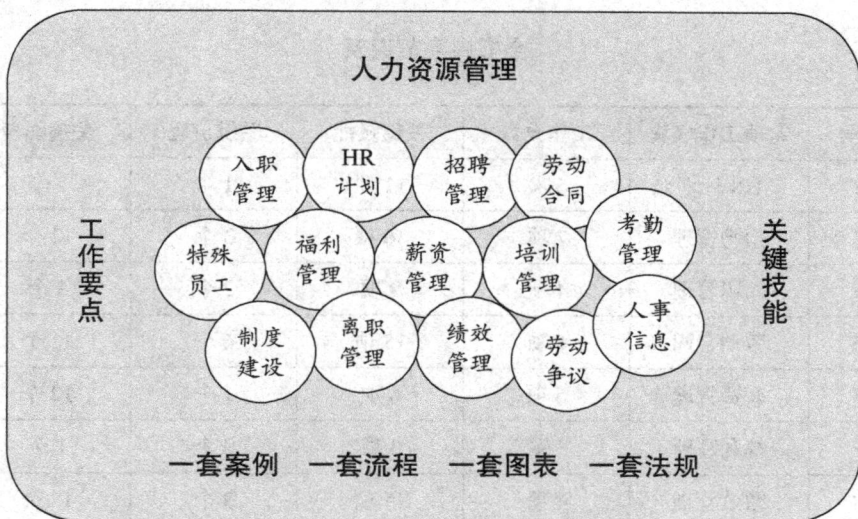

图 1-1　全书整体结构

1.2　全书内容速查

　　全书的 14 个专项工作模块中，共涵盖 70 项工作要点、134 项关键技能、26 个关键流程、110 个关键图表（见表 1-1）。工作要点明确了每一个专项工作模块的工作关键点，掌握了工作关键点，自然能全面把握工作的专项模块。关键技能是匹配工作要点需要掌握的工作技能，只有掌握相应技能才能保证工作要点落实到位。关键流程是落实工作要点、使用工作技能时的思路梳理，保证工作顺序正确、前后连贯。关键图表是工作落实时的具体工具，保证工作要点把握准确、工作技能使用自如。

　　此外，14 个专项模块的工作要点、关键技能、关键流程、关键图表也可以作为人力资源管理、企业管理人员在培养、培训专业人力资源人员时的一个指引或框架，用以围绕工作要点，展开关键技能的实操训练，切实提升人力资源管理专业素质。

表 1-1 全书内容速查表

章号	专项工作模块	工作要点	关键技能	关键流程	关键图表
2	HR 计划	6 项	11 项	1 个	7 个
3	招聘管理	7 项	16 项	3 个	12 个
4	入职管理	4 项	9 项	2 个	5 个
5	劳动合同	6 项	15 项	6 个	11 个
6	薪资管理	6 项	6 项	1 个	12 个
7	福利管理	3 项	3 项	0 个	1 个
8	绩效管理	4 项	15 项	3 个	18 个
9	考勤管理	5 项	8 项	2 个	7 个
10	培训管理	6 项	10 项	3 个	9 个
11	特殊员工	7 项	11 项	0 个	9 个
12	人事信息	5 项	12 项	1 个	6 个
13	制度建设	4 项	7 项	1 个	1 个
14	离职管理	4 项	7 项	2 个	5 个
15	劳动争议	3 项	4 项	1 个	7 个
共计：		70 项	134 项	26 个	110 个

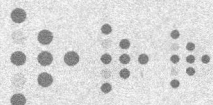 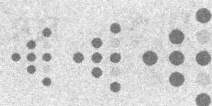

第 2 章

HR 计划

如何清晰理解人力资源计划?

如何合理设置企业组织架构?

如何建设好企业的职位体系?

如何合理确定企业人员编制?

如何制定企业年度薪酬预算?

2.1 HR 应知应会

HR 计划工作模块是人力资源管理工作的起点，即使是初入门的 HR 学习者或从业者，都应初步理解 HR 计划（具体见表 2-1 "HR 计划"要点、技能、流程、图表）。HR 计划工作模块共包括 6 项工作要点，具体细分为 11 项关键技能，需要掌握 1 个关键流程和 7 个关键图表。

表 2-1 "HR 计划"要点、技能、流程、图表

序号	6 项工作要点	11 项关键技能	1 个关键流程	7 个关键图表
1	理解 HR 计划	明确人力计划原则 明确人力计划流程 理解人力计划内容	人力计划流程	
2	设置 组织结构	绘制企业组织结构 收集部门职责内容		组织结构图 部门职责书
3	设置 职位体系	整理企业职位说明 形成企业职位体系		职位说明书 职位体系表
4	设置 人员编制	制定年度人员编制 制定季度人员编制		年度人员编制表 季度人员编制表
5	制定 薪酬预算	制定年度薪酬预算		薪酬总额预算表
6	调整 HR 计划	调整人力计划内容		

2.2 实战案例分析

实景重现

小李所在公司有一百多人，小李带着一名人事助理负责公司的人力资源工作，从年头到年尾，他们非常忙，招聘、发工资、交社保、培训、考核、办入离调转手续。但是，公司总经理和各业务部门对人力资源工作的满意度却很低。小李也觉得人力资源管理工作很难开展：部分人员随着业务不断调动，有时连属于哪个部门都不能确定；部门内的岗位不固定，招聘时才临时确定；有时面试了好几轮，却又说还是暂时先不招人；有些部门上半年要招人，下半年却要求裁人；薪资谈判和调整时随意性大，员工也很不满意；离职率比较高，人员离职后再招聘新人也比较难……

案例分析

人力资源管理的基础工作是将企业的人力作为资源、资本进行使用并最终转化为收益。在以上案例中，我们可以看出，企业的整体管理及人力资源管理都非常缺乏计划性，这不仅仅是企业管理缺乏规范性的问题，更严重的是造成员工心态的不稳定与流动率居高不下，最终会导致资源的巨大浪费；而且，在现实环境中，人力资源的成本正在逐年上升，人力资源成本也正在成为企业经营中的主要成本之一。虽然，人力资源计划受制于企业业务的稳定性，但人力资源计划是企业经营计划的重要内容，是所有人力资源管理的起点，也是非常重要、基础的一个环节。在以上案例中，我们可以看出，缺乏人力资源计划，会导致后续大部分人力资源管理工作的失效，包括人员招聘的无计划性、岗位要求的不规范性、人员调配的随意性、薪酬标准的主观性等。

2.3 理解 HR 计划

2.3.1 明确 HR 计划原则

合理的人力资源计划是确保业务顺利发展、实现企业目标的重要保证，同时，人力资源计划的目的是使企业的人力资源真正得到有效的使用。

在制订人力资源计划时，要注意以下四个原则。

1. "以业务为核心"的原则：在制订和执行人力资源计划时，要紧密围绕企业的经营战略和经营目标，一切从业务的实际需要出发，根据业务需要对人力资源的配置、人力资源成本等进行计划。

2. "统筹兼顾"的原则：在进行人力资源计划时，既要充分考虑企业的实际情况，又要考虑到企业作为社会的一员，受到社会环境、人才供给、人才市场价格等外部因素的影响，要注意统筹兼顾。

3. "配置恰当、人尽其才"的原则：在进行人力资源计划时，尤其是在进行组织设计、人员编制、工作分析时，要注意"配置恰当、人尽其才"，使所有的岗位工作内容能够相互紧密合作，无脱节、相互推诿、职责不清的问题，同时，也要使每个岗位的工作能够内容饱满、工作量恰当，充分发挥个人才能。

4. "注重长期发展、企业与员工双赢"的原则：人力资源是特殊的资源，只有进行合理的配置、激励，才能发挥其资源的价值，才能促进企业的良性发展，所以，在进行人力资源计划时，一定要注重长期发展，保证企业与员工的双赢。

2.3.2 明确 HR 计划流程

人力资源计划的制订一般遵循以下流程（见图 2-1）：

每年年末人力资源计划由人力资源部发起，向各部门负责人收集基础资料；

人力资源部结合公司的业务经营计划对各部门负责人提出的人力资源计

划进行整理、汇总及沟通调整；

人力资源部审定后，报公司总经理审定；

公司总经理将人力资源计划随经营计划一同报公司董事会审批；

经公司董事会审批通过后，由人力资源部负责具体执行。如因业务发展等原因对人力资源计划进行调整，需重新执行以上程序。

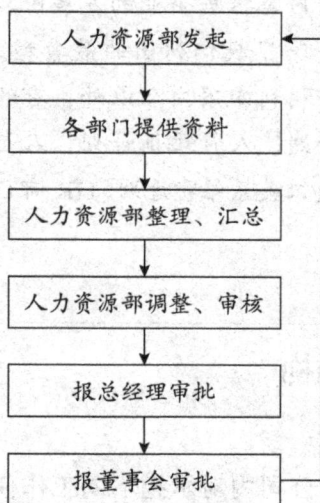

图2-1 人力资源计划流程

2.3.3 明确HR计划内容

一般来说，人力资源计划主要包括以下几方面的工作内容（见图2-2）：

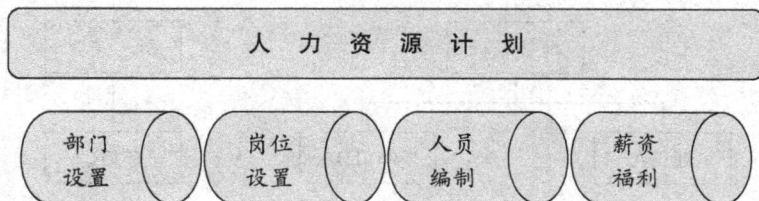

图2-2 人力资源计划主要工作内容

1.部门设置计划；

2.岗位设置计划；

3.人员编制计划；

4.薪资福利计划。

人力资源计划的其他内容

人力资源计划的内容根据企业的发展阶段、内部管理要求等，会有不同的内容。除了我们列出的最典型的部门设置、岗位设置、人员编制、薪资福利四项内容以外，有的企业的人力资源计划还包括绩效管理计划、人员培训计划、人员培养计划、企业文化建设计划、员工活动计划、员工关系维护计划、HR 部门人员建设及支出计划等。

2.4 设置组织结构

组织结构设置计划指公司内对承担不同工作任务的工作群组进行分工和分组，充分发挥专业化的优势，保证业务管理的协调合作。组织结构设置计划的内容包括部门名称、部门职责、部门权力、层级关系等。部门设置计划形成公司的正式《组织结构图》（见图 2-3）及《部门职责书》（见表 2-2）。

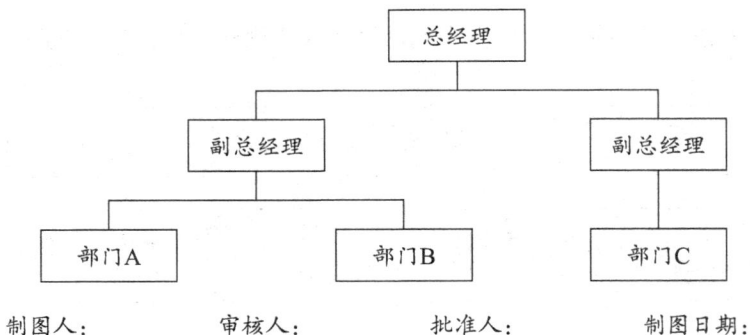

```
                         总经理
              ┌────────────┴────────────┐
           副总经理                   副总经理
        ┌─────┴─────┐                  │
      部门A       部门B              部门C
```

制图人：   审核人：   批准人：   制图日期：

图 2-3 组织结构图

表 2-2　　　　　　　　　　　　　　　部门职责书

制表日期:

| 部门名称: |
| 部门目标:
1.
2.
3.
4.
5. |
| 部门职责范围:
1.
2.
3.
4.
5. |
| 部门岗位设置及人员编制: |
| 备注: |

2.5　设置职位体系

职位设置计划指根据组织结构设置计划确定完成部门目标所需设置的职位,即进行工作分析。职位体系设置计划的内容包括岗位名称、岗位职责、岗位权力、岗位考核方法、岗位任职资格等。职位设置计划形成《职位说明书》（见表 2-3）及公司的《职位体系表》（见表 2-4）。

表 2-3   **职位说明书**

职位名称		职位代码	
所属部门		职位等级	
直属上级		职位编制	

职位目标：
1.
2.
3.

工作职责范围：	KPI 指标：
1.	1.
2.	2.
3.	3.
4.	4.
5.	5.

职位权限：	与其他职位的关系：
1.	1.
2.	2.
3.	3.
4.	4.
5.	5.

任职资格：
1. 年龄：
2. 性别：
3. 教育背景：学历、专业（包括所接受过的培训）
4. 经验：从事本岗位工作年限或相关年限
5. 技能：管理技能、专业技能等
6. 其他要求：如工作环境、工作时间等

表 2-4　　　　　　　　　　　　　职位体系表

职位级别	职位系列 1	职位系列 2	职位系列 3	职位系列 4	职位系列 5	备注

2.6　设置人员编制

　　人员编制设置指对公司中的每个岗位设置进行相应的人员数量配置计划。在进行人员编制设置时，要充分考虑业务发展的需要、人员流动率及薪资福利总额的限制等因素。具体人员编制计划可以形成《年度人员编制表》（见表 2-5）和《季度人员编制表》（见表 2-6）。

表 2-5　　　　　　　　　　　　　年度人员编制表

序号	部门	负责人	第一季度 人员编制	第二季度 人员编制	第三季度 人员编制	第四季度 人员编制	全年最高 人员编制
总计：							

表 2-6 季度人员编制表

序号	部门	负责人	季度 人员编制	正式 在职人数	当季 离职人数	当季 入职人数	剩余 人员编制
总　计：							

2.7 制定薪酬预算

　　薪资福利计划指对公司整体的薪资福利支出总额及每个岗位薪资福利具体数额所进行的计划。在确定公司整体薪资福利支出总额时主要依据业务预计产出情况，如可以以年预计业务总利润的某一比例确定，同时，还要充分考虑由组织结构设置、职位设置和人员编制设置组成的薪资福利总额及往年薪资福利支出情况等综合因素。薪酬总额计划可以在经营计划中一并确定。在确定职位薪资福利具体数额时要对职位工作进行工作评价，除参照社会平均薪资福利水平外，还要考虑企业的实际支付能力、员工基本生活需要、员工以往薪资福利水平等。薪酬总额预算见表 2-7。

表 2-7 薪酬总额预算表

单位：元　　　　　　制表日期：　　　　　年　　　月　　　日

类别	细目	部门 A	部门 B	部门 C	合计
员工数量	年人员编制数				
	季均人员编制数				
	月均人员编制数				

续表

类别	细目	部门 A	部门 B	部门 C	合计
薪酬预算	薪酬总额				
	年人均薪酬（元／人）				
薪酬预算	月人均薪酬（元／人）				
	其中：工资总额				
	福利总额				
	其中：固定工资总额				
	绩效工资总额				
	其中：社会保险				
	住房公积金				
	补充保险				
	其他补充福利				
	辞退补偿金				
	其他				

2.8　调整 HR 计划

　　人力资源计划制订后，不是一成不变的，还要定期根据业务、人员的情况及管理的需要进行调整，原则上调整人力资源计划时，内容分类仍维持不变，但相关数据可以进行调整。另外，人力资源计划的调整仍需要执行原人力资源计划的制订流程，即需要重新进行修订、审核和审批工作。

日常管理需要重视人力资源计划

H 经验分享
Human Resources

人力资源计划的制订是人力资源管理工作的开始，但很多企业不注重制订人力资源计划，一方面，可能是因为业务计划都没有制订，更难顾到人力资源计划；另一方面，可能是因为重视程度不够，企业制订业务计划时，由财务部门制订薪酬计划，HR 部门不参与。

人力资源管理人员一定要加强对人力资源计划的认识，没有好的人力资源计划，会导致后续招聘、培训、薪酬、绩效等工作均处于无的放矢的状态，而且，会造成资源的重复配置与大量浪费。

第 **3** 章

招聘管理

招聘具体职责如何科学划分?

招聘的整体工作流程是什么?

如何落实招聘人员需求分析?

如何选择好适合的招聘渠道?

怎样发布好完整的招聘信息?

如何落实好简历的三次筛选?

怎样进行好面试和专项测试?

如何进行专业背景调查工作?

发送录用通知书如何执行好?

3.1 　HR 应知应会

　　招聘管理工作模块是人力资源计划确定后的第一个工作模块，也是 HR 从业人员日常最常用的工作模块（具体见表 3-1"招聘管理"要点、技能、流程、图表）。招聘管理工作模块共包括 7 项工作要点，具体细分为 16 项关键技能，需要掌握 3 个关键流程和 12 个关键图表。

表 3-1　　　　　　　　"招聘管理"要点、技能、流程、图表

序号	7 项工作要点	16 项关键技能	3 个关键流程	12 个关键图表
1	理解招聘管理	明确招聘管理目标 明确招聘管理职责 明确招聘管理流程	招聘管理流程	招聘职责划分
2	分析人员需求	收集人员招聘需求 审批人员招聘需求	人员需求审批流程	人员需求申请审批表
3	选择招聘渠道	选择合适招聘渠道 发布完整招聘信息		主要招聘渠道分析表 招聘信息主要内容
4	简历筛选邀约	掌握简历三筛方法 掌握人员邀约技巧		简历三筛要点 人员邀约技巧
5	面试专项测试	选择人员甄选方法 明确人员甄选流程 掌握面试方法程序 进行人员专项测试	甄选工作流程	甄选方式比较 面试意见表 专项测试适用岗位
6	进行背景调查	调查人员学历背景 调查人员经验背景		背景问询函 背景调查表
7	发送录用通知	发送人员录用通知		录用通知书

3.2 实战案例分析

实景重现

小张所在的公司搬了新办公室，公司领导考虑到形象问题，要求小张招聘一名前台。小张与领导沟通后，领导提出前台除了要做好前台工作，还要兼顾着给领导做一下秘书，另外最好能组织一下公司的年会等活动，因此，提出的岗位任职要求为：女性、25 岁以下、有一年以上前台或秘书工作经验；1.65 米以上、形象好、气质佳、声音甜美；大学本科学历，英语或管理专业，有良好的文笔；本市户口，家住公司附近；有音乐或舞蹈背景，能够组织或主持晚会；不娇气，踏实肯干；薪资转正后不应超过 4000 元。

小张连续面试了 20 多人，均无法达到公司的要求，大多只能满足一部分，好不容易有形象不错也有一年工作经验的，但薪资都要求至少 6000 元以上。过了三个月，小张仍没有找到前台人选。领导批评小张能力弱，说现在大学生都找不到工作，为什么连个前台都找不到？

案例分析

在这个案例中，表面看是在招一个"前台"岗位，实际仔细分析人员需求，是在招"前台"+"秘书"+"活动专员"三个岗位的复合型人才。另外，在薪资上，如果单独招没有经验的"前台"岗位，月薪 4000 元可能勉强可以招到，但如果是复合型岗位，又增加了额外的需求，薪资就大大增加了。所以，在这个案例中，招聘失败的原因是没有对人员需求进行准确的分析，没有认真分析岗位职责所对应的人员素质、能力要求，进而在人员需求分析中，也没有仔细分析这样的岗位职责、任职要求所对应的市场供给人才的薪资需求。在实际招聘工作过程中，往往由于人员需求分析的不到位，导致招聘工作的失败，也导致企业资源的浪费。

3.3 理解招聘管理

3.3.1 明确招聘目标

招聘是人力资源管理起点的一环，也是人力资源管理工作中重要的模块。招聘工作的质量直接关系到企业整体人员队伍的素质，进而影响企业业务的发展。招聘工作的目标是提高招聘成功率、避免不合格的人员进入企业及以最优的成本配置人才。

3.3.2 明确招聘职责

在招聘工作中，人力资源部必须与各业务部门密切配合，只有这样才能保证招聘工作的顺利开展。招聘工作往往也是人力资源部与业务部门沟通最为密切的工作，所以，必须要清晰划分人力资源部与业务部门的招聘管理职责（见表 3-2）。

表 3-2　　　　　　　　　　　招聘职责划分

工作环节	人力资源部职责	各业务部门职责
分析人员需求	提供并修改人员需求表格； 根据人员配置状况、实际业务进展情况审批人员需求。	根据本部门业务进展及人员流动情况提起人员需求； 根据程序对人员需求进行审批。
选择招聘渠道	维护招聘渠道； 根据业务部门提出的人员需求，选择适合的招聘渠道。	为人力资源部推荐招聘渠道。
简历筛选邀约	进行简历的初次筛选； 将初选合格的简历推荐给用人部门。	将对简历的满意度反馈给人力资源部。

工作环节	人力资源部职责	各业务部门职责
面试 / 专项测试	候选人面试工作的组织与安排； 进行人力资源部部分面试； 个性等测评方式的确定与改进。	用人部门部分的面试； 笔试试题的拟定； 其他专业 / 技术类测试。
进行背景调查	学历情况调查； 经验情况调查。	挖掘相关渠道； 间接了解信息。
发送录用通知	发送录用通知。	确认人员录用； 有变动时及时通知人力资源部。

3.3.3　明确招聘流程

从整体上看，招聘工作的管理流程如图 3-1 所示。

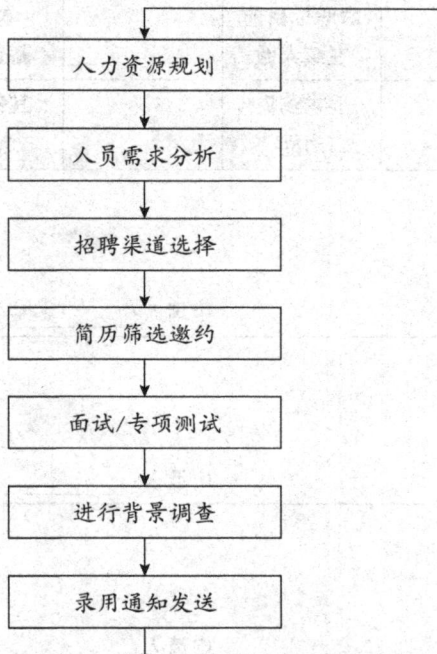

图 3-1　招聘管理流程

3.4 | 分析人员需求

3.4.1 收集人员需求

人员需求一般因业务进展、人员流动产生新的人员空缺。人员需求申请要求由业务部门发起，以书面申请正式提出，填写《人员需求申请审批表》（见表 3-3），同时，需要附上审批通过的人力资源计划中的《职位说明书》。

表 3-3   人员需求申请审批表

部门名称		需求职位名称		需求人数	
本职位计划编制人数		本职位目前在编人数		本职位薪资建议	
要求工作地点		要求到岗时间		其他特殊要求	
用人部门申请理由			申请人：_____	日期：_____	
人力资源部意见			申请人：_____	日期：_____	
总经理意见			申请人：_____	日期：_____	
备注栏					

H
uman Resources
经验分享

人员需求可以积累成职位说明

如果没有做人力资源计划，在人员需求提出时，就要做相应的工作分析，形成《职位说明书》。这项工作一方面可以清晰地分析人员需求，明确人员招聘的方向，保证招聘的成功率；另一方面也是工作分析、工作评价的有益补充，日积月累，就会形成较为完整的职位体系，为今后人力资源计划的制订奠定基础。

3.4.2　审批人员需求

人员招聘需求需经过业务部门经理、人力资源部、总经理的三级审批。经过批准的需求可作为招聘的依据。具体审批流程见图 3-2。

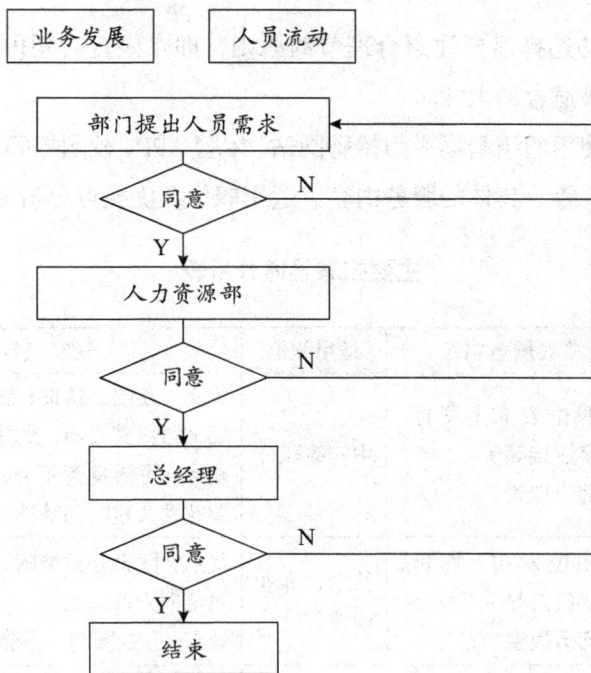

图 3-2　人员需求审批流程

H
uman Resources
经验分享

注意招聘需要的时间

招聘人员需要一定的时间，部门提出人员需求后，原则上，初级职位的招聘，从需求提出到实际到岗时间间隔应不少于30天（1个月）；中级职位，间隔应不少于60天（2个月）；对于高级职位或管理职位，间隔应不少于90天（3个月）。

3.5 选择招聘渠道

3.5.1 选择招聘渠道

招聘渠道的选择需要注意合理节约原则，即在限定时间内，以最合理的成本，招聘到最适合的人才。

目前主要使用的招聘渠道为招聘网站、招聘 APP、校园招聘、人才交流会、员工推荐和猎头等。具体的服务内容、适用职位及优缺点分析见表 3–4。

表 3–4 　　　　　　　　　　主要招聘渠道分析表

渠道类别	主要服务内容	适用职位	优缺点分析
综合招聘网站	1. 职位发布（图标、文字链接等） 2. 简历搜索	中初级职位	优点：方便、快捷；能够在短期内收到大量应聘简历；费用合理。 缺点：简历良莠不齐；信息量大时需要花费大量时间筛选。
纵向专业招聘网站	1. 职位发布（图标、文字链接等） 2. 简历搜索	技术、专业职位	优点：行业分类清晰，专业性强、针对定向人群。 缺点：专业限制，不能适用所有岗位。
招聘 APP	1. 职位发布 2. 简历搜索 3. 在线沟通	技术、中初级职位	优点：正在成为招聘趋势，针对性强、沟通便捷。 缺点：沟通深度要求高、专业性强。

续表

渠道类别	主要服务内容	适用职位	优缺点分析
校园招聘	1. 现场招聘会 2. 专场招聘会 3. 学校招聘专刊	应届毕业生	优点：能够直接与应届毕业生面对面交流；宣传企业形象。 缺点：招聘面比较窄，只针对某一或某几个学校的应届毕业生。
员工推荐	——	中初级职位	优点：信息可靠，成功率高，费用小。 缺点：推荐简历良莠不齐；容易造成内部人际关系复杂。
猎头	1. 高级人才推荐 2. 职位 / 薪酬谈判 3. 咨询顾问	高级职位	优点：针对性强，可以定点寻找合适的候选人。 缺点：费用昂贵，通常费用为年薪的10%~30%。
微信	——	所有职位	优点：没有费用，可以在圈内宣传。 缺点：范围有限，往往都是熟悉的人。
论坛、社交	——	技术、专业职位	优点：针对性强，可以直接交流。 缺点：适用职位少，重复利用性差。
人才交流会	1. 标准展位 2. 高级展位	初级职位	优点：可以直接与应聘者面对面交流；短时间内收集大量简历。 缺点：目前人才交流会大多层次较低，只适用于初级职位招聘。
报刊 / 期刊 / 宣传页	1. 通栏彩色 / 黑白 2. 半通栏彩色 / 黑白 3. 1/4 通栏彩色 / 黑白 4. 半版彩色 / 黑白 5. 整版彩色 / 黑白	所有职位	优点：形象好，能够在招聘的同时宣传企业形象。 缺点：费用贵，时间短，覆盖面小。
企业网站	——	所有职位	优点：在发布职位信息时，同时进行企业品牌宣传。 缺点：受众面小，很多企业网站不做市场宣传。
职介中心	1. 现场招聘会 2. 数据库查询	初级职位	优点：可以直接与应聘者面对面交流；费用低。 缺点：人员层次较低，只能针对低级职位招聘。

不容忽视的员工推荐

在招聘渠道的选择中，注意不要忽略员工推荐。其实在实践工作中，这是一个效果非常好的渠道，成功率很高，人员入职后稳定性也好。HR 要提前制定相应的人才举荐制度，并定期在企业内部发布招聘信息，鼓励员工推荐。需要注意的是，员工推荐的人员需要严格按照招聘流程进行甄选，切不可因是内部人员推荐而降低招聘要求。另外，需要注意的是要有严格的推荐要求，有亲属回避政策，直系亲属是严禁推荐的。

3.5.2 发布招聘信息

选择了适合的招聘渠道后，招聘信息的发布就需要根据不同的渠道进行设计，一般来说，招聘信息包括五个方面的内容（见表 3–5）。

表 3–5　　　　　　　　　　　　　招聘信息主要内容

类别	具体内容	注意事项
公司简要介绍	名称、主要业务、规模、获得荣誉、理念与愿景等。	内容不要过多，以 200 字左右为宜；可以主要强调优势，如上市计划、创始人、公司业绩等。
职位综合信息	职位名称、招聘人数、工作内容、工作地点等。	职位名称一定要与现有社会的通用职位名称匹配；相应的工作内容略详细，最好有 5-8 条，如只是泛泛地说负责某类工作，往往应聘者很难明确。
职位具体要求	年龄、学历、专业、工作时间、工作经验、行业背景等。	此部分内容即《职位说明书》中的任职资格。
职位薪酬福利	提供的薪资范围、提供的福利等。	此部分内容在发布时要注意，如果薪资不太具备市场竞争力，建议不要发布，否则会导致应聘者不投递简历；可以强调一下特殊的福利。
其他补充信息	特殊要求、联系人、联系方式、交通信息等。	此部分信息是非常重要的，一定要保证联系人、联系方式的准确，否则会浪费招聘费用。

以下是一个招聘信息发布的实际案例（见表3-6）：

表 3-6 招聘信息发布案例

公司介绍：

A 公司，成立于××××年，人员规模×××人，是一家以多媒体互动娱乐为主的互联网企业，在多媒体游戏开发业务领域具有多年的经验。公司拥有高技术、专业的研发团队，在多媒体游戏开发领域处于领先地位，曾成功打造过多款著名游戏。××××年，A 公司于 NASDAQ 成功上市，目前，公司旗下已拥有网络游戏、互动视频两大产品系列。

职位名称：IOS 开发工程师　　　　**招聘人数：**× 人
工作性质：全职　　　　　　　　**工作地点：**××××
职位月薪：面议　　　　　　　　**发布日期：**××××年××月××日

工作内容：
1. 负责公司自有产品 IOS 客户端软件研发与维护；
2. 根据产品需求完成模块设计、编码、真机测试工作；
3. 按照项目计划，按时提交高质量的代码，完成开发任务；
4. 编写相关开发文档、技术资料等；
5. 改善软件的易用性，提升用户使用体验。

任职要求：
1. 计算机或相关专业本科以上学历，三年以上 IOS 开发经验；
2. 精通 Object C 语言，具备扎实的编程功底和编程经验，具有良好的 C 和 C++ 编程基础；
3. 熟悉 MAC OS X 及 MAC iPhone、iPad 开发环境，熟练使用 iPhone SDK、XCode、Interface Builder 等开发工具；
4. 熟悉多线程，有处理多线程问题及优化多线程性能的实际开发经验；
5. 熟悉多媒体应用开发，有视频和音频开发经验者优先考虑；
6. 能够适应加班及出差等工作要求。

工作地址：北京市××区×××街××号××大厦××层××室
联系人：×××
联系邮箱：×××××××
联系电话：××××××××

3.6 简历筛选邀约

3.6.1 简历三筛方法

简历筛选是一个快速进行信息匹配的过程，要在众多的简历中迅速筛选到需要的简历，需要掌握一些技巧（见表 3-7）。

第一步（初筛）：利用第三方招聘平台、邮件的筛选功能进行初筛

通过第三方招聘平台投递的简历可以直接利用平台的筛选功能进行初步筛选，如可以通过设置职位名称、工作年限、行业、学历、更新时间、求职状态、薪资期望值等进行单一或多种条件进行筛选。

如果使用邮箱，可以先以某一顺序进行排序，如以应聘职位排序后，再使用邮箱内的条件筛选功能进行初步筛选。

第二步（二筛）：用重点信息匹配法进行二筛

在初筛的基础上，对简历的重点信息进行匹配，实行二筛。

对于重点信息进行二筛，是对简历的符合程度进行比初筛更为细致的判断。

第三步（终筛）：用特殊信息关注与标注的方法进行终筛

通过初筛和二筛，对简历与职位需求的匹配度有了主要的判断，最后一步就是要用特殊信息关注与标注的方法，进行终筛，确定是否进行下一步面试环节。

特殊信息关注与标注主要集中在以下几个方面。

（1）空档。在不同学历阶段或不同工作经验阶段有空档的，是需要特殊关注的，而且要标注下来，作为面试时的重点。

（2）缺失。一般从常理上看，如果未完整展示某一类别信息的，排除制作简历无经验情况外，多为制作人有意回避，如学历的不完整、工作经历的不完整等。

（3）异常。明显有悖于常理的地方，要加以关注，如项目经验明显与工

作经验不匹配、学历时间与工作经验时间重叠、简历内容自相矛盾等。

表 3-7　　　　　　　　　　　简历三次筛选要点

筛选次数	要点	内容	重点关注点
初筛	条件筛选	职位匹配	应聘职位、工作年限、行业、学历、更新时间、求职状态、薪资期望值等
二筛	重点筛选	基本信息	性别、年龄、籍贯、婚姻、住址等
		工作经验	工作年限、工作公司、职位、工作内容、转换频率等
		培训情况	培训内容、培训时长、培训证书等
		学历情况	学校、专业、学历、时长等
		其他情况	出国经历、个人需求等
终筛	特殊筛选	特殊情况	学历 / 工作经验的空档、信息的缺失、不匹配 / 重叠 / 矛盾 / 异常等

3.6.2　人员邀约技巧

在实践工作中，虽然收到或筛选出的合格简历并不少，尤其是初中级岗位，但是，当邀约后，真正能到现场面试的比率（到面率）并不高。到面率偏低不仅会浪费 HR 工作人员或企业管理人员大量的时间，而且会导致后续面试和测试人员数量减少，最终会从整体上影响招聘工作的效率和结果；因此，人员邀约到面试也成为招聘工作中的一个重要环节，具体人员邀约技巧见表 3-8。

表 3-8　　　　　　　　　　　人员邀约技巧

时间	工作要点	具体内容
邀约前	进行简历分析 提前话述准备 选择合适方式	1. 仔细分析简历情况，找出关键点； 2. 制作标准的话述，形成文案或提前演练； 3. 选择适合的沟通方式（包括但不限于电话、微信、QQ、邮件等）。

时间	工作要点	具体内容
邀约中	开场吸引注意 中间抓住需求 结束确定行动	1. 开场吸引应聘者的注意力，注意语气、语调； 2. 沟通中注意应聘者的主要需求，重点沟通； 3. 结束时确定面试时间、地点。
邀约后	发送确切地址 发送确切时间 发送欢迎感谢	1. 选择合适方式发送地址、时间； 2. 表示欢迎、感谢，加强黏性； 3. 提前设置提醒或再次发送。

3.7 面试 / 专项测试

3.7.1 选择甄选方式

面试、专项测试是目前人员甄选中普遍使用的两种方式，具体的适用对象、优劣分析见表 3-9。

表 3-9　　　　　　　　　甄选方式比较

方式	主要形式	适用对象	优劣分析
面试	结构化面试 行为面试 集体面试	所有职位	优势：最常用的甄选方式，可以直接作出判断，尤其是对形象、沟通能力等能够作出直观判断。 劣势：容易以貌取人，对于专业、技术等判断不够准确。
专业测试	答题式笔试 现场操作 情景模拟	技术、专业职位	优势：能够准确判断技术、专业技能掌握情况。 劣势：对于其他方面的判断不足。
其他测试	性格测试 智商测试	所有职位	优势：能够相对准确地分析候选人性格、智商等情况。 劣势：可信度不一定很高；测试结果与整体选择的关系不太明确。

3.7.2　明确甄选流程

一般来说，甄选整体的工作流程分为人力资源部、用人部门及总经理三个环节，具体工作流程见图 3-3。

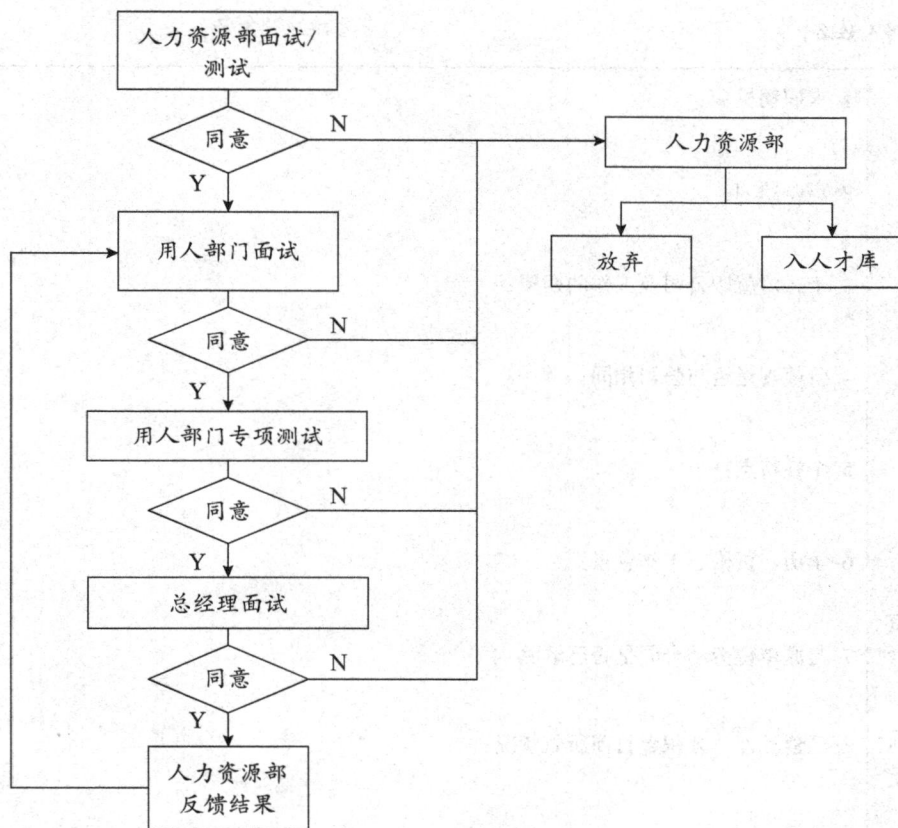

图 3-3　甄选工作流程

3.7.3　掌握面试方法

面试的候选人范围是经过初次筛选确定的面试对象，面试是为了考察应聘者的任职能力、综合素质以及对公司价值的认同度，以决定录用与否，并对决定录用的新员工的职位、身份、合同期、薪资等具体情况进行确认。

面试一般分为人力资源部、用人部门及总经理三级。

人力资源部的面试一般侧重考察应聘者的求职动机、离职原因、个人对就职公司及工作的期望、价值观是否相容、个性特点、学历、资格、工作背景、与原单位劳动合同是否已解除、社会保险 / 公积金状况等方面（见表 3-10）。

表 3-10　　　　　　　　人力资源部面试意见表

应聘人姓名：　　　　　　　　　　　应聘职位名称：

人力资源部面试	1. 求职动机： 2. 离职原因： 3. 个人对就职公司及工作的期望： 4. 价值观是否与公司相同： 5. 个性特点： 6. 学历、资格、工作背景： 7. 与原单位劳动合同是否已解除： 8. 已建社保、公积金目前所处状况： 9. 其他： 10. 结论：（1）可以录用：□　　试用 □　期限： 　　　　　　　　　　　　　正式 □　合同期： 　　　　　不予录用：□ 　　　　　其　他：□ 　　（2）任职岗位： 　　（3）薪资标准： 　　　　　　　　面试人签字：＿＿＿＿＿　日期：＿＿＿＿＿

人力资源部面试结束后，由用人部门进行面试，用人部门主要考察应聘者的专业技能、行业知识、工作经验、以往业绩等方面（见表 3-11）。

表 3-11　　　　　　　　　　用人部门面试意见表

应聘人姓名：　　　　　　　　　　　　　　　应聘职位名称：

用人部门面试	1. 专业技能：
	2. 行业知识：
	3. 工作经验：
	4. 以往业绩：
	5. 其他特长：
	6. 是否有专项测试？如有，成绩如何（试卷及成绩附后）：
	7. 对所任职位资格或条件的欠缺或不足：
	8. 结论：（1）可以录用：　　　□　　试用　□　建议试用期：＿＿个月 　　　　　　　　　　　　　　　　　正式　□　建议合同期：＿＿年 　　　　　　不予录用：　　　□ 　　　　　　其　　他：　　　□ 　　　（2）任职岗位： 　　　（3）建议薪资（含税月薪）：试用：＿＿＿元；正式＿＿＿元。
	用人部门经理：＿＿＿＿＿　　　日期：＿＿＿＿＿

人力资源部和用人部门面试结束后，就由总经理进行最终面试，在人力资源部和用人部门面试的基础上，总经理对应聘人做出最终的判断（见表3-12）。

表 3-12　　　　　　　　　　　总经理面试意见表

应聘人姓名：　　　　　　　　　　　　　　应聘职位名称：

总经理面试	1. 面试记录： 2. 结论： 总经理签字：＿＿＿＿＿＿　　日期：＿＿＿＿＿＿

3.7.4　进行专项测试

专业测试是针对专业、技术职位较为常见的一种甄选方式。在这里，专业测试不仅指答题式笔试，还包括现场操作和情景模拟等，专项测试这一环节更多的是针对人员的专业、技术能力进行考察，具体见表3-13。

表 3-13　　　　　　　　　　　专项测试适用岗位

方　　式	细分形式	适用岗位
答题式笔试	回答问卷式考题 提交个人案例 指定题目论文	技术型岗位（如软件工程师、项目经理等） 专业型岗位（如财务会计、理财师等）
现场操作	现场操作机器 现场制作产品	专业型岗位（如焊工、司机等）
情景模拟	角色扮演 无领导小组 文件筐	服务型岗位（如客服、售货员等） 管理型岗位（如经理、主管等）

除以上专项测试外，在人员甄选中还会使用一些其他测试。这里的其他测试主要指性格测试、智商测试、管理风格测试等。性格测试比较常见的是 MBTI 职业性格测试、DISC 性格测试和九型人格测试等。

注意其他测试的辅助性功能

其他测试只具有辅助性功能，这类测试只是有助于招聘负责人对应聘者性格、智商及管理风格有一种了解，但并不代表可以替代其他方法。实践工作中还是应以面试和专项测试为主，在有精力、有充裕工作时间的情况下再逐步增加其他测试，否则会在分析其他测试结果上用掉大量时间，在日常招聘工作中喧宾夺主。

3.8　进行背景调查

3.8.1　学历背景调查

背景调查的内容主要包括学历情况调查、经验情况调查。学历情况调查可以通过毕业院校的校务处、档案馆、教务处进行查询，也可以通过中国高等教育学生信息网进行查询。

3.8.2　经验背景调查

经验情况调查主要通过应聘人提供的电话或电话系统查询原工作单位人事部门电话，核实工作期限、任职部门、职位、工作表现、离职原因、有无违约等情况，也可以向原工作单位发《背景问询函》(见表 3–14)。

表 3-14 背景问询函

<table>
<tr><td colspan="6" align="center">背景问询函</td></tr>
<tr><td colspan="6">_____：
　　我公司有意向聘用_____先生／女士为我公司员工，烦请贵单位协助填写问询函，加盖贵公司公章或人事章后返还我公司。
　　谢谢合作！
 _____（盖章）
_____年___月___日 </td></tr>
<tr><td colspan="6" align="center">问询项目</td></tr>
<tr><td rowspan="3">自然情况</td><td>姓　名</td><td></td><td>学　历</td><td>学　位</td><td></td></tr>
<tr><td>原部门</td><td></td><td>岗　位</td><td>职　务</td><td></td></tr>
<tr><td>职　责</td><td colspan="4"></td></tr>
<tr><td rowspan="6">合同及薪酬福利情况</td><td>在贵单位工作起止日期</td><td></td><td colspan="2">劳动合同起止日期</td><td></td></tr>
<tr><td>月全部工资性收入</td><td>_____元</td><td colspan="2">税后工资</td><td>_____元</td></tr>
<tr><td>是否与原单位解除劳动关系</td><td>□是　□否</td><td colspan="2">档案存放地</td><td></td></tr>
<tr><td>贵单位已为其办理的保险</td><td colspan="4">□养老保险　□医疗保险　□失业保险　□生育保险
□住房公积金　□其他_____</td></tr>
<tr><td>离职原因</td><td colspan="4">□劳动合同到期　□贵公司辞退　□本人辞职
□其他情况_____</td></tr>
<tr><td rowspan="2">业绩表现</td><td>近期工作整体表现</td><td colspan="4">□很好，出色完成各项工作　□一般，尚能完成工作
□很差，不能完成各项工作</td></tr>
<tr><td>有无违纪行为</td><td colspan="4">□无　□有，请说明_____</td></tr>
<tr><td colspan="6"> _____（盖章）
_____年___月___日 </td></tr>
</table>

　　招聘负责人须对背景调查的渠道（电话、联系人等）、背景调查结果作如实记录（见表 3-15），并及时将调查结果反馈至用人部门。背景调查记录随面试意见表等一同存入员工在司档案。

表 3-15　　　　　　　　　　　　**背景调查表**

应聘人姓名：　　　　　　　　　　　　　　应聘职位名称：

人力资源部调查	1. 学历 / 学位情况调查（调查渠道、调查人、联系方式、调查结果）：
	2. 经验情况调查（工作期限、就职部门、职位、工作表现、离职原因、有无违约等）：
	3. 个人证明查验（所查验的个人证明文件名称、查验方式、查验结果）：
	4. 结论：
	调查人签字：＿＿＿＿＿＿＿＿　　日期：＿＿＿＿＿＿

经查证无异常情况的应聘人，可进入录用程序。经查证发现异常情况的应聘人，原则上不予录用。

3.9　发送录用通知

录用通知书（OFFER LETTER）的发送是企业对于候选人录用的正式书面文件（见表 3-16）。一般来说，录用通知书以 E-mail、邮寄或电话的方式发送给候选人，其中 E-mail 是最为常用的发送渠道。

表 3-16　　　　　　　　　　　　**录用通知书**

| 尊敬的＿＿＿＿＿＿＿先生 / 女士：
您好！
　　首先向您表示祝贺！我们很高兴地通知您，您已经正式被我公司录用，您的职位是＿＿＿＿＿＿，职责为＿＿＿＿＿＿＿＿＿＿＿＿＿＿＿＿，衷心希望您接受该工作职位，我们会为您提供良好的工作环境、广阔的发展空间。
　　希望您在＿＿＿＿月＿＿＿＿日携带以下资料到公司报到。
　　1. 个人近期一寸彩色照片 5 张（请在每张照片背面写明您的姓名）； |

续表

<table>
<tr><td>

2. 下列证件的原件及复印件：

（1）身份证；

（2）学历证书；

（3）学位证书；

（4）培训证书；

（5）职称证书；

（6）获奖证书；

（7）其他与本人相关的证书；

3. 与原单位离职证明（任职期限、任职职位、离职原因、离职手续办理情况等）；

4. 体检合格证明（须为地、市两级以上医院出具的证明）。

祝您工作愉快！

如有任何问题，请及时与我们联系。联系人：_____先生／女士，联系电话：_____

_____。

该录用通知书有效期至_____年____月____日。

_____公司

人力资源部

_____年____月____日

</td></tr>
</table>

H 经验分享
uman Resources

注意录用通知书的法律效力

在发送录用通知书时一定要明确职位、职责、报到日期、所带资料等细节性要求。还要注明录用通知书的有效期，这一点很重要，一般有效期截至报到日，过了报到日就失效了，这对于未录用人员是一个约束，也可以避免纠纷。

3.10 招聘法规解读

与招聘相关的法律法规主要包括四个方面：平等就业、特殊保护、如实告知、不得担保。

1.国家法律法规要求保护个人平等就业的权利，企业在招聘中不得有歧视条款。

国家《劳动法》相关条款

第三条　劳动者享有平等就业和选择职业的权利、取得劳动报酬的权利、休息休假的权利、获得劳动安全卫生保护的权利、接受职业技能培训的权利、享受社会保险和福利的权利、提请劳动争议处理的权利以及法律规定的其他劳动权利。

第十二条　劳动者就业，不因民族、种族、性别、宗教信仰不同而受歧视。

第十三条　妇女享有与男子平等的就业权利。在录用职工时，除国家规定的不适合妇女的工种或者岗位外，不得以性别为由拒绝录用妇女或者提高对妇女的录用标准。

应用解析

企业在招聘信息中不得出现民族、种族、性别、宗教信仰、年龄等歧视劳动者的信息。例如，"男性、汉族、40岁以下""男性优先考虑、无宗教信仰"等信息都属于歧视信息，注意不能在招聘信息中发布。

2.国家法律法规要求对妇女和未成年人进行特殊保护，企业在招聘中要注意这些条款。

国家《劳动法》相关条款

第十五条　禁止用人单位招用未满十六周岁的未成年人。

文艺、体育和特种工艺单位招用未满十六周岁的未成年人，必须遵守国家有关规定，并保障其接受义务教育的权利。

第五十八条　国家对女职工和未成年工实行特殊劳动保护。

未成年工是指年满十六周岁未满十八周岁的劳动者。

第五十九条　禁止安排女职工从事矿山井下、国家规定的第四级体力劳动强度的劳动和其他禁忌从事的劳动。

第六十条 不得安排女职工在经期从事高处、低温、冷水作业和国家规定的第三级体力劳动强度的劳动。

第六十一条 不得安排女职工在怀孕期间从事国家规定的第三级体力劳动强度的劳动和孕期禁忌从事的劳动。对怀孕七个月以上的女职工，不得安排其延长工作时间和夜班劳动。

第六十三条 不得安排女职工在哺乳未满一周岁的婴儿期间从事国家规定的第三级体力劳动强度的劳动和哺乳期禁忌从事的其他劳动，不得安排其延长工作时间和夜班劳动。

第六十四条 不得安排未成年工从事矿山井下、有毒有害、国家规定的第四级体力劳动强度的劳动和其他禁忌从事的劳动。

应用解析

企业在招聘人员并安排工作时，尤其要注意妇女和未成年人这两种特殊人群。在一些特殊的工种上是不允许安排妇女和未成年人从事的，对于这一点，生产企业尤其要注意。

3. 国家法律法规要求在招聘中企业与个人要如实告知对方相关信息，不得欺诈，否则会导致劳动合同的无效。

国家《劳动法》相关条款

第十八条 下列劳动合同无效：

（一）违反法律、行政法规的劳动合同；

（二）采取欺诈、威胁等手段订立的劳动合同。

无效的劳动合同，从订立的时候起，就没有法律约束力。确认劳动合同部分无效的，如果不影响其余部分的效力，其余部分仍然有效。

劳动合同的无效，由劳动争议仲裁委员会或者人民法院确认。

同时，国家《劳动合同法》也有相关条款：

国家《劳动合同法》相关条款

第八条　用人单位招用劳动者时，应当如实告知劳动者工作内容、工作条件、工作地点、职业危害、安全生产状况、劳动报酬，以及劳动者要求了解的其他情况；用人单位有权了解劳动者与劳动合同直接相关的基本情况，劳动者应当如实说明。

应用解析

企业在招聘过程中要注意收集应聘者的信息，如个人简历、个人专项测试、个人证件复印件、原件查验等，保证应聘者信息的完整与准确。

同时，企业要在招聘中通过面试等环节告知应聘者企业招聘岗位的相关信息，后续我们将在入职环节详细讲解企业如何全面、正式、详细地与应聘者沟通企业及岗位信息，保证合理、合法。

4.国家法律法规规定企业不得要求提供担保或收取财物。

国家《劳动合同法》相关条款

第九条　用人单位招用劳动者，不得扣押劳动者的居民身份证和其他证件，不得要求劳动者提供担保或者以其他名义向劳动者收取财物。

应用解析

企业一定要注意，不能因查验证件等原因扣押个人证件，也不能因为解决户口等要求缴纳保证金，还有就是工卡、工装等押金也不能收取，一定要注意这一点。

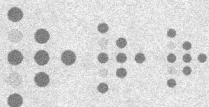

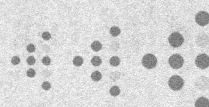

第 **4** 章

入职管理

员工入职的整体流程是什么?

如何有效跟进入职前候选人?

新员工报到前如何做好准备?

如何做好新员工的现场报到?

如何查验新员工的入职资料?

如何签订好录用条件确认函?

4.1 | **HR 应知应会**

入职管理工作模块是与招聘管理紧密衔接的工作模块，也是 HR 基层从业人员应掌握和熟练应用的工作模块（具体见表 4–1 "入职管理"要点、技能、流程、图表）。入职管理工作模块共包括 4 项工作要点，具体细分为 9 项关键技能，需要掌握 2 个关键流程和 5 个关键图表。

表 4–1　　　　　　　　**"入职管理"要点、技能、流程、图表**

序号	4 项工作要点	9 项关键技能	2 个关键流程	5 个关键图表
1	明确 入职流程	明确员工入职流程	员工入职流程	
2	跟进 候选人员	明确人员跟进要点		候选人跟进要点
3	准备 接口工作	准备报到接口工作		
4	办理 员工报到	明确人员报到流程 发送员工报到须知 收集员工报到资料 查验员工个人证明 填写员工登记资料 确认员工录用条件	员工报到流程	员工报到须知 个人证明查验要点 员工登记表 录用条件确认函

4.2　实战案例分析

实景重现

　　A 公司在招聘软件工程师，经过几轮面试、笔试，小李成功应聘。A 公司通过邮件正式向小李发送了录用通知书，通知小李四周后到 A 公司报到，同时，薪资定为 6500 元 / 月。小李接到 A 公司的录用通知书后，正式向在职的公司提出辞职，并开始办理交接手续。两周后，A 公司又安排面试，有与小李相同岗位的人员提前申请入职，故 A 公司通知小李已经有其他人选提前入职，发送给小李的录用通知书取消了。小李非常生气，因为他已经辞职，他认为 A 公司违反了法律，必须对他进行补偿。

案例分析

　　虽然《劳动法》和《劳动合同法》没有对录用通知书的法律效力进行规定，但是受《合同法》约束，企业正式给候选人发送的录用通知书中已经明确表明了录用意向，并且对于入职时间、职位、薪酬等做出承诺，可以视为要约性质。在以上案例中，企业以邮件形式发送的录用通知书就是这种性质，所以应该承担候选人的损失。在实际工作中，一定要注意录用通知书的法律效力，发送前要有明确的审批流程，发送内容要准确，同时，如果过程中有其他情况，需要尽快与候选人联系协商，采取补救措施。

4.3　入职整体流程

　　员工录用入职是招聘工作的延续，同时，通过员工录用入职工作使公司与员工正式建立了劳动关系。规范的员工录用工作为以后的员工关系管理奠定了良好的基础。员工入职管理整体工作流程见图 4-1。

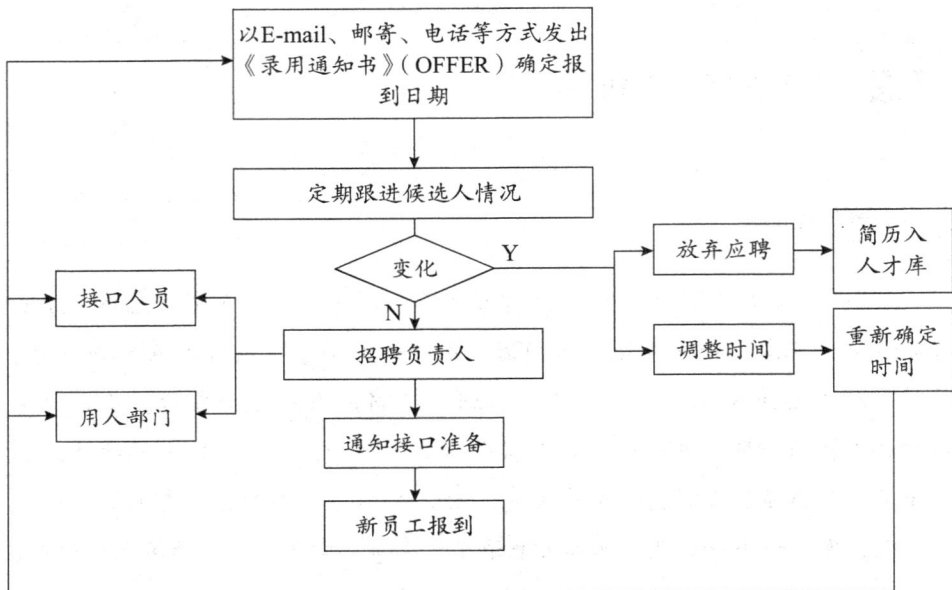

图 4-1　员工入职流程

4.4 跟进候选人员

录用通知书发送后，要定期、有计划地对候选人的情况进行跟进。一般来说，从录用通知书发出至候选人报到，时间从几天至几周不等。我们以常见的四周为例说明候选人跟进工作的要点（见表 4-2）。

表 4-2　　　　　　　　　　候选人跟进要点

跟进时间	跟进要点	跟进方式
录用通知书发送三天内	候选人的回复：确认收到录用通知书，确认对录用通知书内容无异议。	电话、邮件
录用通知书发送一周	候选人是否有变化，辞职情况，对方单位是否同意，是否开始交接工作。	电话

跟进时间	跟进要点	跟进方式
录用通知书发送二周	候选人工作交接情况，是否有困难。	电话
录用通知书发送三周	候选人工作交接情况，是否开始准备报到资料。	电话
录用前三天	报到时间确认，资料是否齐全。	电话

4.5　准备接口工作

　　人力资源部与候选人保持联系，确认于报到时间三日前，将新员工的姓名、职位、所属部门、直属上级以及报到时间以 E-mail 的方式通知相关部门，一般包括行政部、信息管理部、财务部及用人部门，并抄送人力资源部全体人员。

　　相关部门接口准备一般包括以下内容：

　　1. 行政部：工位、电话机、基础办公用品。

　　2. 信息管理部：E-mail 账号、网点开通、分机号开通。

　　3. 财务部：借支款核算准备、设备准备。

　　4. 用人部门：设备准备、指导人准备。

4.6　办理员工报到

4.6.1　新员工报到整体流程

　　新员工报到当天的整体流程见图 4-2。

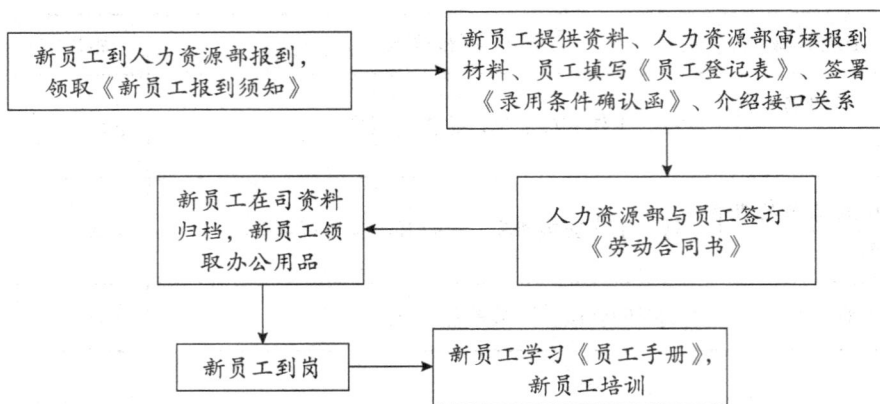

图 4-2　新员工报到流程

4.6.2　新员工报到须知

新员工报到须知是新员工报到时公司发送给新员工的指引，引导新员工按照企业要求的步骤办理报到手续（见表 4-3）。

表 4-3　　　　　　　　　　　新员工报到须知

新员工：

　　您好！

　　欢迎您成为＿＿＿＿＿＿＿＿＿＿＿＿＿公司的一员。

　　请遵循以下流程办理新员工报到手续。

第一步：人力资源部办理报到手续。（联系人：＿＿＿＿＿＿＿）

　　1. 出示各种证件原件：离职证明、学历学位证书、职称证书、相关培训结业证、身份证、1 寸彩色照片（5 张）。

　　2. 填写员工登记表。

　　3. 签订员工录用条件确认函。

　　4. 签订劳动合同。

　　5. 领取考勤卡、出入证、工卡带。（联系人：＿＿＿＿＿＿＿）

第二步：行政部申请工位。（联系人：＿＿＿＿＿＿＿）

　　1. 申请工位、电话分机号码。

　　2. 申请电话权限（市话、长途），需主管领导签字确认。

　　3. 领取工位柜子钥匙。

第三步：财务部申请工作用的电脑。（联系人：_____）

    1. 填写固定资产领用表，并请相关人员签批。

    2. 领取工作用的电脑，核对设备的具体配置。

第四步：MIS部申请内部邮箱地址。（联系人：_____）

    1. 按E-mail账号命名规则建立邮箱。

    2. 由MIS部相关人员协助配置电脑邮箱，并了解正确的邮件收发的方式。

第五步：到就职部门安排工作。

    1. 直属上级介绍部门工作要求，并布置近期工作。

    2. 直属上级介绍部门人员。

第六步：新员工培训定于____月____日举行，人力资源部会将新员工培训资料以_____方式发送给您，请认真阅读资料，提前做好培训准备工作。

其他需要注意的事项：

_____公司

人力资源部

_____年___月

4.6.3　新员工提供的资料

新员工报到需要向企业出具一些资料，最重要的有以下几项：

1. 相关证件复印件，最关键的是身份证、学历/学位证书、培训证书、职称证书、奖励证书等；

2. 体检合格证明（须是地、市两级以上医院出具的相关证明）；

3. 与原单位解除劳动合同的证明，即离职证明（需注明在原单位工作时间、所任职位、离职时间、离职原因、离职手续办理情况等）；

4. 个人照片。

4.6.4　个人证明查验

需要查验的个人证明包括：个人学历、学位证书；个人身份证；个人培训证书；个人职称证书；原单位离职证明；身体健康证明以及根据实际情况其他需要查验的证明。

个人证明查验要点见表 4-4。

表 4-4   **个人证明查验要点**

证明名称	查验要点
学历、学位证书	1. 真伪（与背景调查中的学历情况调查相结合）； 2. 与本人提供的简历相核对，主要核对姓名、年龄、学校名称、毕业日期、学历／学位等。
身份证	1. 真伪（查验身份证是否有水印，是否制作精良）； 2. 与本人提供的简历相核对，主要核对姓名、出生日期、地址、身份证号码等。
培训证书／职称证书	1. 真伪（查验证书是否制作精良，国家职称证书有标准格式）； 2. 与本人提供的简历相核对，主要核对姓名、年龄、培训／职称名称、获得日期、授予单位等。
原单位离职证明	1. 必须加盖原单位公章或人事章； 2. 与背景调查中的经验情况调查相结合，主要查验在原单位工作时间、所任职位、离职时间、离职原因、离职手续办理情况等。
身体健康证明	1. 要求提供地、市两级以上医院的正规体检证明；必须加盖体检医院的公章或体检专用章； 2. 查验是否有重大疾病史以及是否有传染病。

在某些特殊情况下，公司急于录用某些人员，但这些人员又由于特殊情况暂时无法提供相关个人证明的，则必须要求该人员提供相应的声明文件（见表 4-5）。

表 4-5   **关于证件不能提供的个人声明**

_____公司：

    我本人因_____原因，不能提供本人的_____证件，预计于_____之前，可以提供。

    特此声明。我本人为此承担一切经济和法律责任。

声明人：_____

日期：_____

哪些证件不能提供要进行声明？

新员工在报到时，总会有个别人员的个别证件无法提供，这里需要区分哪些证件不能提供要进行声明。最关键的是离职证明，员工不提供离职证明就不能签订劳动合同，而且必须要提供个人声明。剩余的证件不能提供的，可以提供个人声明，随后催要。原则上，员工提供的资料应在报到后一周内交齐。

4.6.5　填写员工登记表

员工入职手续的一个重要环节是个人要如实填写员工登记表（见表 4-6）。

表 4-6　　　　　　　　　　员工登记表

编号：　　　　　　　报到日期：　　　　　　　年　　月　　日

一、基本信息						
姓名		性别		出生日期		照片
民族		籍贯		婚姻状况		
身份证号码				政治面貌		
户口所在地	省　　　　市　　　　县　　　　街道　　　　号					
二、通信信息						
家庭电话		手机		其他电话		
临时通讯地址				邮编		
永久通讯地址				邮编		
紧急联系人		紧急联系电话				
个人 E-mail 账号		其他联系方式				
三、职位信息（注：此项信息由人力资源部填写）						
公司名称				所在城市		
部门名称				直属上级		
职位名称				职位级别		

续表

四、进入公司渠道（注：此项信息由人力资源部填写）

进入公司的渠道为：

□网上招聘 □招聘 APP □人才交流大会　□内部推荐　□报刊广告　□猎头　□其他

五、人事关系

档案存放地		是否与原单位解除劳动合同	
档案能否调入公司		不能调入原因	

六、福利（指在原单位的福利情况）

社会保险	□已上　　□未上
住房公积金	□已上　　□未上

其他商业保险	保险名称	投保单位	缴费情况	其他情况

七、家庭情况

姓名	与本人关系	工作单位	联系电话	通讯地址	邮编

八、教育情况

时间起	时间止	院校名称	专业	学历

九、培训情况

时间起	时间止	培训内容	主办单位	证书

续表

十、职称情况		
职称名称	评定时间	证书

十一、进公司前工作履历					
时间起	时间止	任职单位名称	职位名称	证明人	电话

十二、奖惩情况		
时间	奖励、处分内容	相关证明

十三、发表论文、著作、成果		
时间	论文、著作、成果内容	发表处、鉴定单位

十四、个人兴趣特长

十五、其他

填表人签字：　　　　　　　　　　　　　　　　　　　　日期：

4.6.6　新员工录用条件确认函

新员工报到环节，在签订劳动合同前，还要填写的一个重要的文件就是录用条件确认函（见表4-7）。这是企业与员工双方就录用条件的正式确认文件，对于执行试用期考核及企业依法按照"在试用期间被证明不符合录用条件"解除劳动合同有关键作用。

表 4-7　　　　　　　　　　　　　**录用条件确认函**

_____员工：

您好！

欢迎您成为_____公司的一员。您在我公司任职岗位为_____。

该岗位职责为：

1._____；

2._____；

3._____；

4._____；

5._____。

该岗位的录用条件为：

1._____；

2._____；

3._____；

4._____；

5._____。

该岗位在试用期内的考核办法为：

1._____；

2._____；

3._____；

_____公司

人力资源部

_____年___月___日

　　我本人确认对以上岗位名称、岗位职责、录用条件、试用期考核办法等内容均已经知悉，并无异议。

签名：_____

_____年___月___日

4.6.7　签订劳动合同

新员工应在入职当天签订劳动合同，关于劳动合同的签订等相关管理工作，我们将在劳动合同一章详细阐述。

4.7　入职法规解读

与员工入职相关的法律法规主要包括四个方面：录用通知法律效力、查验资料、录用条件确认、职工名册。

1. 录用通知书对于企业是有约束效力的。

国家《合同法》相关条款

第十九条　有下列情形之一的，要约不得撤销：

（1）要约人确定了承诺期限或者以其他形式明示要约不可撤销；

（2）受要约人有理由认为要约是不可撤销的，并已经为履行合同作了准备工作。

第四十二条　当事人在订立合同过程中有以下情形之一，给对方造成损失的，应当承担损害赔偿责任：

（1）假借订立合同，恶意进行磋商；

（2）故意隐瞒与订立合同有关的重要事实或者提供虚假情况；

（3）有其他违背诚实信用原则的行为。

📋 **应用解析**

企业一定要注意，虽然《劳动法》和《劳动合同法》没有明确规定，但是《合同法》有相关规定，企业正式发出的录用通知书对于企业是有约束效力的，一旦对候选人造成损失，企业必须赔偿。

2. 劳动合同签订前资料原件的查验很关键。

国家《劳动合同法》相关条款

第九十一条 用人单位招用与其他用人单位尚未解除或者终止劳动合同的劳动者，给其他用人单位造成损失的，应当承担连带赔偿责任。

应用解析

对于员工是否与以前的用人单位解除劳动关系，主要证明就是《离职证明》，由于企业会因此承担损失，所以，在入职资料查验中《离职证明》必须提供原件，而且，如果没有《离职证明》的原件，企业是不能与员工签订劳动合同的。

3. 录用条件确认是后续依法解除劳动合同的关键所在。

国家《劳动合同法》相关条款

第三十九条 劳动者有下列情形之一的，用人单位可以解除劳动合同：

（一）在试用期间被证明不符合录用条件的；

（二）严重违反用人单位的规章制度的；

（三）严重失职，营私舞弊，给用人单位造成重大损害的；

（四）劳动者同时与其他用人单位建立劳动关系，对完成本单位的工作任务造成严重影响，或者经用人单位提出，拒不改正的；

（五）因本法第二十六条第一款第一项规定的情形致使劳动合同无效的；

（六）被依法追究刑事责任的。

应用解析

在实际工作中，往往"在试用期间被证明不符合录用条件"并不好证明，一方面员工入职时间短，另一方面就是缺乏依据，所以，在员工入职手续中的《录用条件确认函》就非常关键，一定要由员工书面确认。

4.《劳动合同法》要求建立职工信息，同时，员工登记表也可以确认员工入职时间。

国家《劳动合同法》相关条款

第七条　用人单位自用工之日起即与劳动者建立劳动关系。用人单位应当建立职工名册备查。

第八条　用人单位招用劳动者时，应当如实告知劳动者工作内容、工作条件、工作地点、职业危害、安全生产状况、劳动报酬，以及劳动者要求了解的其他情况；用人单位有权了解劳动者与劳动合同直接相关的基本情况，劳动者应当如实说明。

第四十七条　经济补偿按劳动者在本单位工作的年限，每满一年支付一个月工资的标准向劳动者支付。六个月以上不满一年的，按一年计算；不满六个月的，向劳动者支付半个月工资的经济补偿。

应用解析

为员工办理入职手续时，一定要收集员工相关的个人资料，保留员工填写的相应表格，这些表格填写要有员工本人的签名。这样可以保证职工名册的建立，了解劳动者与劳动合同相关的基本情况，同时，入职时间也可以作为计算补偿金的依据。

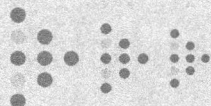第 **5** 章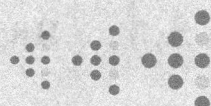

劳动合同

5.1 | HR 应知应会

　　劳动合同管理工作模块是人力资源管理中最具法律要求的模块，HR 从业人员要想熟练掌握并应用该工作模块，基础的法律法规学习是前提。法律法规学习不仅包括《劳动法》《劳动合同法》，还包括 HR 应基本掌握的相关法律法规，具体可以参见附录。劳动合同管理模块的具体要求可见表 5-1 "劳动合同"要点、技能、流程、图表。劳动合同管理工作模块共包括 6 项工作要点，具体细分为 15 项关键技能，需要掌握 6 个关键流程和 11 个关键图表。

表 5-1　　　　　　　　　"劳动合同"要点、技能、流程、图表

序号	6 项 工作要点	15 项关键技能	6 个关键流程	11 个关键图表
1	理解 劳动合同	明确劳动合同管理内容		
2	签订 劳动合同	掌握劳动合同签订流程 掌握劳动合同签订要点 明确劳动合同范本 / 修订	劳动合同签订流程	劳动合同范本
3	续订 劳动合同	掌握劳动合同续订流程 明确劳动合同续订审批 明确劳动合同续订手续	劳动合同续订流程	劳动合同续签审批表 劳动合同续订书 劳动合同期满不再签续订书

续表

序号	6项工作要点	15项关键技能	6个关键流程	11个关键图表
4	变更劳动合同	掌握劳动合同变更流程 明确劳动合同变更手续	劳动合同变更流程	劳动合同变更书
5	解除劳动合同	掌握劳动合同解除流程 明确劳动合同解除手续 明确劳动合同解除情形	员工提出解除劳动合同流程 公司提出解除劳动合同流程	劳动合同解除协议书 员工可以解除情形 公司可以解除情形 公司不可以解除情形
6	终止劳动合同	掌握劳动合同终止流程 明确劳动合同终止手续 明确劳动合同终止情形	劳动合同终止流程	劳动合同终止通知书 劳动合同终止情形

5.2 实战案例分析

实景重现

陈某入职C公司，但入职当天由于项目时间紧，部门经理将陈某紧急派往客户项目所在地，陈某都没来得及办入职手续就出差了。陈某进入项目组后，工作非常紧张，由于连续多天劳累，一天下午竟晕倒在项目现场，送往医院检查后得知是陈某的慢性病复发了，医院开出假条，要求陈某卧床休息两个月。部门经理认为没有与陈某签订劳动合同，而且，陈某的病是在来公司前就有的，认为只要给陈某发了在项目工作时间的工资即可，不需要承担其他责任。但陈某认为没有签订劳动合同是C公司的责任，C公司除了要补偿他双倍的工资外，还应与他补签劳动合同，此外，他是公司的员工，有权享有医疗期。

案例分析

在公司与员工的劳动关系建立中，劳动合同是基础，也是关键。双方都要基于书面的劳动合同约定权利与义务，在《劳动合同法》中，关于劳动合同的签订对企业有更为细致的要求和严格的约束。不仅仅是对劳动合同签订，而且对劳动合同的变更、续订、解除、终止等均有更为严谨的要求。在以上这个案例中，没有签订劳动合同的主要责任在于企业一方，但事实上劳动者为企业提供了劳动，双方已经存在事实劳动关系，所以，企业不仅要支付未签劳动合同的双倍工资，还要补签劳动合同，并履行相应的义务。

5.3 理解劳动合同

原则上，企业要实行全员劳动合同制，即企业与员工通过劳动合同来建立、解除、变更和终止劳动关系。因此，劳动合同管理是人力资源日常管理的重要环节，关系到企业与员工劳动关系的和谐。由于以劳动合同为基础的劳动关系受国家和地方政府法律、法规的制约，所以劳动合同的管理必须要符合国家和当地政府的法律、法规，不论是在工作流程上，还是在工作结果上，都不能与法律、法规相违背。

劳动合同管理是人力资源管理中员工关系模块的重要工作，具体又细分为劳动合同签订、劳动合同续订、劳动合同变更、劳动合同解除、劳动合同终止五个单项工作（见图 5-1）。

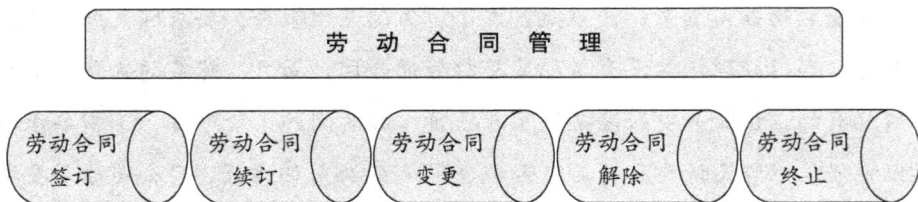

图 5-1　劳动合同管理主要工作内容

5.4 签订劳动合同

5.4.1 劳动合同签订的流程

劳动合同的签订是劳动合同管理的起点，一般来说，劳动合同签订遵循以下流程（见图5-2）。

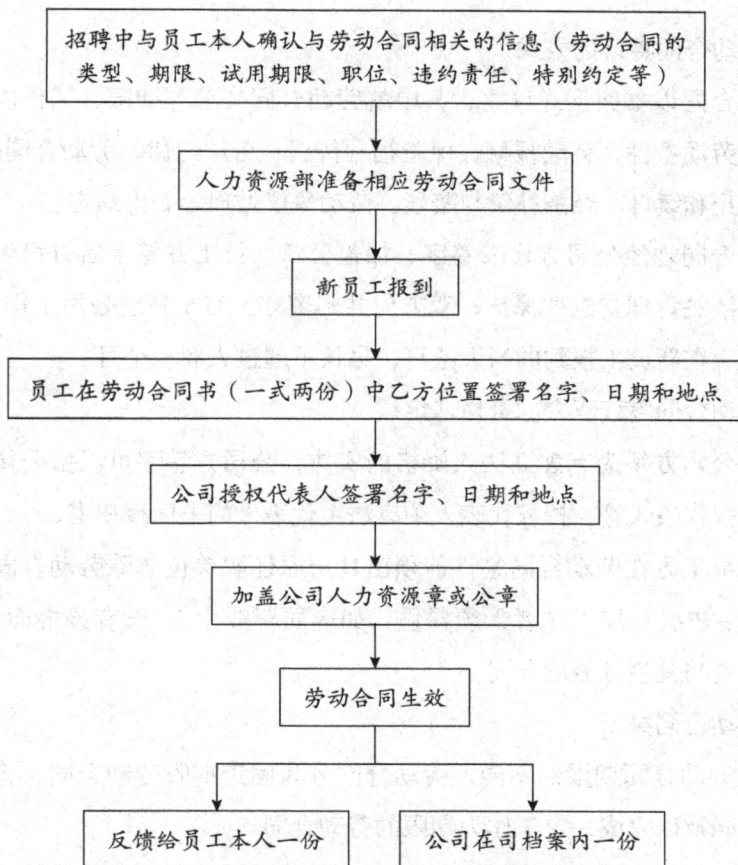

招聘中与员工本人确认与劳动合同相关的信息（劳动合同的类型、期限、试用期限、职位、违约责任、特别约定等）

↓

人力资源部准备相应劳动合同文件

↓

新员工报到

↓

员工在劳动合同书（一式两份）中乙方位置签署名字、日期和地点

↓

公司授权代表人签署名字、日期和地点

↓

加盖公司人力资源章或公章

↓

劳动合同生效

↓

反馈给员工本人一份　　　　公司在司档案内一份

图 5-2　劳动合同签订流程

劳动合同签订要点

H
uman Resources
经验分享

在劳动合同签订工作中，最重要的是员工确认劳动合同内容与关键信息，并且由员工本人书面签字；此外，要保证劳动合同签订的及时性，即在员工入职当天签订。这两点是劳动合同生效的前提，并且也是后续劳动关系规避纠纷的关键。

5.4.2 劳动合同签订注意要点

1. 劳动合同签订的方式

劳动合同以书面形式订立，其中就劳动合同类型与期限、工作内容、劳动保护和劳动条件、劳动报酬、保险福利待遇、劳动纪律、劳动合同的变更、解除、终止和续订、经济补偿与赔偿、劳动争议处理等做出约定。

劳动合同须经公司方代表签字、加盖公章、员工方签字后方可生效。劳动合同一经签订即受法律保护，双方应共同遵守。对于新进公司工作的员工，劳动合同应在新员工报到的当天签订，最长不超过入职一个月。

2. 劳动合同签订双方的资格认定

（1）公司方须为有独立法人资格的实体，公司方签字可以由公司法定代表人或授权代表人签，授权代表人须有法定代表人的书面授权书；

（2）员工方在劳动合同签订前须出具与原任职单位解除劳动合同的书面证明（注：初次参加工作者无须提供，如应届毕业生），没有该书面证明的，公司方不得与其签订劳动合同。

3. 劳动合同类型

根据劳动合同期限的不同，劳动合同分为固定期限劳动合同、无固定期限劳动合同及以完成一定工作为期限的劳动合同。

（1）固定期限劳动合同指用人单位与劳动者约定合同终止时间的劳动合同；

（2）无固定期限劳动合同指用人单位与劳动者约定无确定终止时间的劳

动合同。在公司连续工作满十年以上的员工、连续两次签订固定期限劳动合同、在公司连续工作满十年且距法定退休年龄不足十年的，公司须与该员工签订无固定期限劳动合同；

（3）以完成一定工作为期限的劳动合同，主要指公司特别聘用的兼职人员（如专家、顾问等）或工作性质属于临时性用工的人员所签订的劳动合同。

4. 劳动合同期限

劳动合同期限三个月以上不满一年的，试用期不得超过一个月；劳动合同期限一年以上不满三年的，试用期不得超过两个月；三年以上固定期限和无固定期限的劳动合同，试用期不得超过六个月。

试用期包括在劳动合同期限内。

对于同一岗位任职的员工不得试用两次。员工如在试用期内存在部门、岗位的调动，可与员工本人协商，延长试用期，但最长不应超过六个月。

对于有固定期限的劳动合同，原则上，应以"年"为单位确定期限，最短不少于一年。

对于签订以完成一定工作为期限劳动合同的兼职、临时人员，其劳动合同期限由公司和员工双方根据实际情况协商确定。

5.4.3 劳动合同范本

劳动合同签订工作中，最重要的是要有规范、合法的劳动合同书面文件，以下是劳动合同书的范本。

H 经验分享
uman Resources

劳动合同书修订

劳动合同书范本一般在地区劳动管理部门都有，有的地区还要求必须使用指定的版本。公司一般都会根据《劳动法》和《劳动合同法》的要求，在范本的基础上，结合企业的实际需求略作修改后使用。需要注意的是，修改后最好请资深的人力资源管理人员或法律专业人员进行确认。

劳动合同书（范本）

甲 　 方：＿＿＿＿＿＿＿ 　 　 乙 　 方：＿＿＿＿＿＿＿

法定代表人：＿＿＿＿＿＿＿ 　 　 性 　 别：＿＿＿＿＿＿＿

授权代表人：＿＿＿＿＿＿＿ 　 　 身份证号码：＿＿＿＿＿＿＿

甲方地址：＿＿＿＿＿＿＿ 　 　 　 住 　 址：＿＿＿＿＿＿＿

甲乙双方根据《中华人民共和国劳动法》《中华人民共和国劳动合同法》等法律、法规、规章的规定，在平等自愿、协商一致的基础上，同意订立本劳动合同，共同遵守本合同所列条款。

一、合同期限和试用期限

第一条 甲、乙双方选择以下第＿＿＿种形式确定本合同期限：

（一）固定期限：自＿＿年＿＿月＿＿日起至＿＿年＿＿月＿＿日止。

（二）无固定期限：自＿＿年＿＿月＿＿日起至法定的或本合同所约定的终止条件出现时止。

（三）以完成一定的工作任务为期限：自＿＿年＿＿月＿＿日起至＿＿＿＿＿工作任务完成时即行终止。

其中，试用期自＿＿年＿＿月＿＿日起至＿＿年＿＿月＿＿日止，期限为＿＿天。

二、工作内容和工作地点

第二条 根据甲方工作需要，乙方同意从事＿＿＿＿岗位（工种）工作。经甲、乙双方协商同意，可以变更工作岗位（工种）。

第三条 乙方应按照甲方的要求，按时完成规定的工作数量，达到规定的质量标准。

第四条 乙方同意在甲方安排的工作地点＿＿＿＿从事工作。根据甲方的工作需要，经甲乙双方协商同意，可以变更工作地点。

三、工作时间和休息休假

第五条 乙方实行＿＿＿＿＿＿工时制。

（一）实行标准工时工作制的，甲方安排乙方每日工作时间不超过八小时，每周不超过四十小时。甲方由于工作需要，经与工会和乙方协商后可以延长工作时间，一般每日不得超过一小时，因特殊原因需要延长工作时间的，在保障乙方身体健康的条件下延长工作时间每日不得超过三小时，每月不得超过三十六小时。

（二）实行综合计算工时工作制的，平均每日工作时间不得超过八小时，平均每周工作时间不得超过四十小时。

（三）实行不定时工作制的，工作时间和休息休假乙方自行安排。

第六条　甲方延长乙方工作时间的，应依法安排乙方同等时间补休或支付加班加点工资。

第七条　乙方在合同期内享受国家规定的各项休息、休假的权利，甲方应保证乙方每周至少休息一天。

四、劳动保护和劳动条件

第八条　甲方应严格执行国家和地方有关劳动保护法律、法规和规章，为乙方提供必要的劳动条件和劳动工具，建立健全生产工艺流程，制定操作规程、工作规范和劳动安全卫生制度及其标准。

第九条　对乙方从事接触职业病危害的作业的，甲方应按国家有关规定组织上岗前和离岗时的职业健康检查，在合同期内应定期对乙方进行职业健康检查。

第十条　甲方有义务负责对乙方进行政治思想、职业道德、业务技术、劳动安全卫生及有关规章制度的教育和培训。

第十一条　乙方有权拒绝甲方的违章指挥，对甲方及其管理人员漠视乙方安全健康的行为，有权提出批评并向有关部门检举控告。

五、劳动报酬

第十二条　乙方试用期的工资标准为＿＿＿＿＿元／月（试用期的工资不得低于本单位相同岗位最低档工资或者本合同第十三条约定工资的百分之八十并不得低于用人单位所在地的最低工资标准）。

第十三条　乙方试用期满后，甲方应根据本单位的工资制度，确定乙方实行以下第＿＿＿＿＿种工资形式：

（一）计时工资。由以下几部分组成：＿＿＿＿＿、＿＿＿＿＿、＿＿＿＿＿、＿＿＿＿＿；其标准分别为＿＿＿＿＿元／月、＿＿＿＿＿元／月、＿＿＿＿＿元／月、＿＿＿＿＿元／月。

如甲方的工资制度发生变化或乙方工作岗位变动，按新的工资标准确定。

（二）计件工资。甲方应制定科学合理的劳动定额标准，计件单价约定为＿＿＿＿元。

（三）其他工资形式。具体约定在本合同第四十四条中明确。

第十四条 甲方应以法定货币形式按月支付乙方工资，发薪日为每月＿＿＿＿日，不得克扣或无故拖欠。甲方支付乙方的工资，应不违反国家有关最低工资的规定。

第十五条 甲方安排乙方延长日工作时间，应支付不低于乙方工资150%的工资报酬；安排乙方在休息日工作又不能安排补休的，应支付不低于乙方工资200%的工资报酬；安排乙方在法定休假日工作的，应支付不低于乙方工资300%的工资报酬。

第十六条 非因乙方原因造成甲方停工、停产、歇业，未超过一个月的，甲方应按本合同约定的工资标准支付乙方工资；超过一个月，未安排乙方工作的，甲方应按不低于当地失业保险标准支付乙方停工生活费。

第十七条 甲方安排乙方每日 22 时到次日 6 时工作的，每个工作日夜班补贴为＿＿＿＿元。

第十八条 乙方依法享受年休假、探亲假、丧假等期间，甲方应按国家和地方有关规定标准，或劳动合同约定的标准，支付乙方工资。

六、社会保险和福利待遇

第十九条 甲方应按国家和地方有关社会保险的法律、法规和政策规定为乙方缴纳基本养老、基本医疗、失业、工伤、生育保险费用；社会保险费个人缴纳部分，甲方可从乙方工资代扣代缴。

甲乙双方解除、终止劳动合同时，甲方应按有关规定为乙方办理社会保险相关手续。

第二十条 乙方患病或非因工负伤的医疗待遇按照国家和地方有关政策规定执行。

第二十一条 乙方工伤待遇按国家和地方有关政策法规规定执行。

第二十二条 乙方在孕期、产期、哺乳期内等各项待遇，按照国家和地方有关生育保险政策规定执行。

第二十三条 甲方为乙方提供以下福利待遇：

1.＿＿＿＿＿＿＿＿＿＿＿＿＿＿＿＿＿＿＿＿＿

2.＿＿＿＿＿＿＿＿＿＿＿＿＿＿＿＿＿＿＿＿＿

3.＿＿＿＿＿＿＿＿＿＿＿＿＿＿＿＿＿＿＿＿＿

七、劳动纪律和规章制度

第二十四条 甲方依法规定的各项规章制度应向乙方公示。

第二十五条 乙方应严格遵守甲方制定的规章制度，完成劳动任务，提高职业技能，执行劳动安全卫生规程，遵守劳动纪律和职业道德。

第二十六条 乙方违反劳动纪律，甲方可依据本单位规章制度，给予相应的行政处理、行政处分、经济处罚等，直至解除本合同。

八、劳动合同的变更、解除、终止、续订

第二十七条 订立本合同所依据的客观情况发生重大变化，致使本合同无法履行的，经甲乙双方协商同意，可以变更本合同相关内容。

第二十八条 经甲乙双方协商一致，本合同可以解除。

第二十九条 乙方有下列情形之一，甲方可以解除本合同：

1. 在试用期间，被证明不符合录用条件的；

录用条件为：

（1）＿＿＿＿＿＿＿＿＿＿＿＿＿＿＿＿＿＿＿＿

（2）＿＿＿＿＿＿＿＿＿＿＿＿＿＿＿＿＿＿＿＿

（3）＿＿＿＿＿＿＿＿＿＿＿＿＿＿＿＿＿＿＿＿

2. 严重违反劳动纪律或甲方规章制度的；

3. 严重失职，营私舞弊，给甲方利益造成重大损害的；

4. 同时与其他用人单位建立劳动关系，对完成甲方工作任务造成严重影响，或者经甲方提出，拒不改正的；

5. 以欺诈、胁迫的手段或者乘人之危，使甲方在违背真实意思的情况下订立或者变更劳动合同的；

6. 被依法追究刑事责任的。

第三十条　下列情形之一，甲方可以解除本合同，但应提前三十日以书面形式通知乙方：

1. 乙方患病或非因工负伤，医疗期满后，不能从事原工作也不能从事甲方另行安排的工作的；

2. 乙方不能胜任工作，经过培训或者调整工作岗位，仍不能胜任工作的；

3. 双方不能依据本合同第二十七条规定就变更合同达成协议的。

第三十一条　甲方濒临破产进行法定整顿期间或者生产经营发生严重困难（地方政府规定的困难企业标准），经向工会或者全体职工说明情况，听取工会或者职工的意见，并向劳动保障行政部门报告后，可以解除本合同。

第三十二条　乙方有下列情形之一，甲方不得依据本合同第三十条、第三十一条终止、解除本合同：

1. 从事接触职业病危害作业未进行离岗前职业健康检查或者疑似职业病人在诊断或者医学观察期间的；

2. 患职业病或因工负伤达到国家规定不得终止、解除劳动合同等级的；

3. 患病或非因工负伤，在规定的医疗期内的；

4. 女职工在孕期、产期、哺乳期内的；

5. 复员退伍义务兵和建设征地农转工人员初次参加工作未满三年的；

6. 义务服兵役期间的；

7. 在甲方连续工作满十五年，且距法定退休年龄不足五年的；

8. 单位集体协商代表在履行代表职责的；

9. 符合法律、法规规定的其他情况的。

第三十三条　有下列情形之一，乙方可以随时通知甲方解除本合同，甲方应当支付乙方相应的劳动报酬并依法缴纳社会保险。

1. 用人单位未按照劳动合同约定提供劳动保护或者劳动条件的；

2. 用人单位未及时足额支付劳动报酬的；

3. 用人单位未依法为劳动者缴纳社会保险的；

4. 用人单位的规章制度违反法律、法规的规定，损害劳动者权益的；

5. 用人单位因《中华人民共和国劳动合同法》第二十六条规定的情形致使劳动合同无效的；

6. 法律、行政法规规定劳动者可以解除劳动合同的其他情形。

第三十四条 乙方解除劳动合同，应当提前三十日以书面形式通知甲方。

第三十五条 本合同到期，劳动合同即行终止。甲乙双方经协商同意，可以续订劳动合同。

第三十六条 本合同期满后，双方仍存在劳动关系的，甲方应与乙方及时补签或续订劳动合同，双方就合同期限协商不一致时，补签或续订的合同期限应从签字之日起不得少于_____月。乙方符合续订无固定期限劳动合同条件的，甲方应与其签订无固定期限劳动合同。

第三十七条 订立无固定期限劳动合同的，出现法定终止条件或甲乙双方约定的下列终止条件出现，本合同终止。

1._____

2._____

3._____

九、经济补偿与赔偿

第三十八条 甲方违反劳动合同的，应按下列标准支付乙方经济补偿金：

1. 甲方未按照劳动合同的约定或者国家规定及时足额支付劳动者劳动报酬的，以及安排加班不支付加班费的，除在规定的时间内全额支付乙方工资报酬外，还需按照应付金额的百分之五十以上百分之百以下的标准加付赔偿金。

2. 甲方支付乙方的工资报酬低于当地最低工资标准的，要在补足低于标准部分的同时，还需按照应付金额的百分之五十以上百分之百以下的标准加付赔偿金。

第三十九条 甲方解除乙方劳动合同，除本合同第二十九条规定情形外，甲方应按照《中华人民共和国劳动合同法》第四十七条的规定和地方有关规定支付乙方经济补偿金。

第四十条 乙方患病或者非因工负伤，经劳动能力鉴定委员会确认不能从事原工作，也不能从事甲方另行安排的工作而解除本合同的，甲方除按本合同第三十九条执行外，还应发给乙方不低于六个月工资的医疗补助费。患重病和绝症的还应增加医疗补助费，患重病的增加部分不低于医疗补助费的百分之五十，患绝症的增加部分不低于医疗补助费的百分之一百。

第四十一条 甲方发生故意拖延不与乙方续订劳动合同、与乙方订立无效劳动合同、违反规定或本合同约定侵害乙方合法权益以及解除劳动合同等情形之一的，给乙方造成损害，甲方应按下列规定赔偿乙方损失：

1. 造成乙方工资收入损失的，按乙方应得工资收入支付给乙方，并加付应得工资收入百分之五十以上百分之百以下的赔偿金；

2. 造成乙方劳动保护待遇损失的，应按国家规定补足乙方的劳动保护津贴和用品；

3. 造成乙方工伤、医疗待遇损失的，除按国家规定为乙方提供工伤、医疗待遇外，还应支付乙方相当于医疗费用百分之二十五的赔偿费用；

4. 乙方为女职工或未成年工，造成其身体健康损害的，除按国家规定提供治疗期间的医疗待遇外，还应支付相当于其医疗费用百分之二十五的赔偿费用。

第四十二条 乙方违反规定或本合同的约定解除劳动合同，给甲方造成损失的，乙方应赔偿甲方下列损失：

1. 甲方为其支付的培训费和招收录用费；

2. 对生产、经营和工作造成的直接经济损失；

3. 本合同约定的其他赔偿费用。

十、违反劳动合同的责任

第四十三条 当事人一方违反本合同时，应承担的违约责任＿＿＿＿＿＿

＿＿＿＿＿＿＿＿＿＿＿＿＿＿＿＿＿＿＿＿＿＿＿＿＿＿＿＿＿＿＿＿

十一、双方约定的其他事项

第四十四条＿＿＿＿＿＿＿＿＿＿＿＿＿＿＿＿＿＿＿＿＿＿＿＿＿

＿＿＿＿＿＿＿＿＿＿＿＿＿＿＿＿＿＿＿＿＿＿＿＿＿＿＿＿＿＿＿＿

十二、劳动争议处理

第四十五条 因履行本合同发生的劳动争议，当事人可以向本单位劳动争议调解委员会申请调解；不愿调解或调解不成，当事人一方要求仲裁的，应当自劳动争议发生之日起六十日内向＿＿＿＿＿＿＿＿＿＿劳动争议仲裁委员会申请仲裁。当事人一方也可以直接向劳动争议仲裁委员会申请仲裁。对裁决不服的，可以向人民法院提起诉讼。

十三、其他

第四十六条　以下专项协议和规章制度作为本合同的附件，与本合同具有同等法律效力。

1.＿＿＿＿＿＿＿＿＿＿＿＿＿＿＿＿＿＿＿＿＿＿＿

2.＿＿＿＿＿＿＿＿＿＿＿＿＿＿＿＿＿＿＿＿＿＿＿

3.＿＿＿＿＿＿＿＿＿＿＿＿＿＿＿＿＿＿＿＿＿＿＿

第四十七条　本合同未尽事宜，双方可另行协商解决；与今后国家法律、行政法规等有关规定相悖的，按有关规定执行。

第四十八条　本合同一式两份，甲乙双方各执一份。

第四十九条　乙方确定以地址为劳动关系管理相关文件、文书的送达地址，如以下地址发生变化，乙方应书面告知甲方。

甲方（盖章）：＿＿＿＿＿＿＿＿　　　乙方（签字）：＿＿＿＿＿＿＿

法定代表人或授权代表人（签字）：＿＿＿＿＿＿＿＿

签订日期：＿＿年＿＿月＿＿日　　　签订日期：＿＿年＿＿月＿＿日

签订地点：＿＿＿＿＿＿＿＿　　　　签订地点：＿＿＿＿＿＿＿＿

劳动合同书的必备条款

H　经验分享
uman Resources

《劳动合同法》规定，劳动合同应当具备以下条款：

（一）用人单位的名称、住所和法定代表人或者主要负责人；

（二）劳动者的姓名、住址和居民身份证或者其他有效身份证件号码；

（三）劳动合同期限；

（四）工作内容和工作地点；

（五）工作时间和休息休假；

（六）劳动报酬；

（七）社会保险；

（八）劳动保护、劳动条件和职业危害防护；

（九）法律、法规规定应当纳入劳动合同的其他事项。

劳动合同除前款规定的必备条款外，用人单位与劳动者可以约定试用期、培训、保守秘密、补充保险和福利待遇等其他事项。

5.5 | 续订劳动合同

5.5.1 劳动合同续订的流程

劳动合同期满后，如果企业和员工双方愿意继续劳动关系，则涉及劳动合同的续订管理，一般劳动合同的续订遵循以下流程（见图 5-3）。

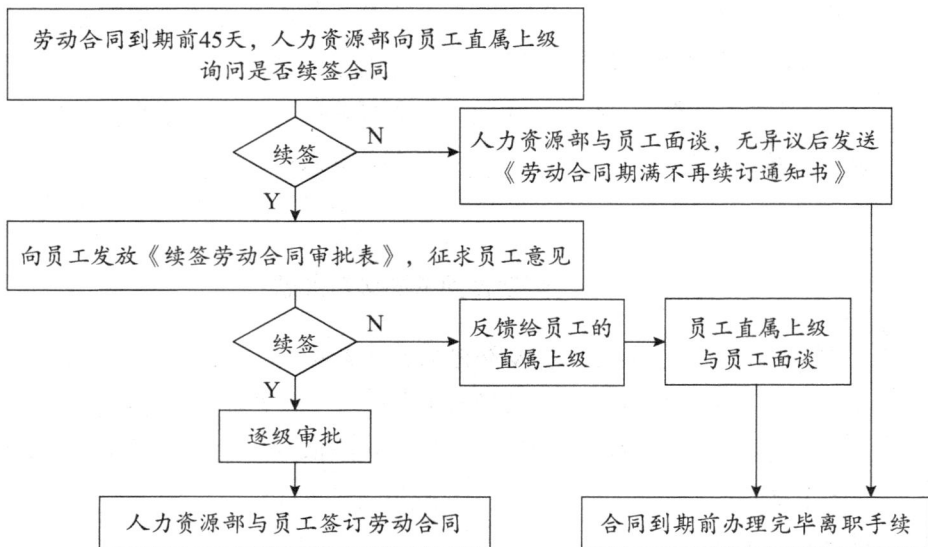

图 5-3 劳动合同续订流程

5.5.2 劳动合同续订审批

劳动合同续订审批是为了保留员工本人、直属上级及人力资源部门对于是否续签合同的书面意见，这是劳动合同续订手续履行前的一个环节，所使用的《续签劳动合同审批表》（见表5-2）。

表 5-2 　　　　　　　　　续签劳动合同审批表

姓名：	部门：	职位：

原劳动合同起始日期：＿＿＿＿年＿＿月＿＿日
终止日期：＿＿＿＿年＿＿月＿＿日
原劳动合同编号：＿＿＿＿＿＿＿

合同期间工作鉴定及续签合同意见	员工本人：
	（一）合同期间工作综述：
	（二）是否续签合同意见：
	1. 是　　　□　　　合同期限：＿＿＿＿年
	2. 否　　　□
	3. 其他（请注明）：
	签名：＿＿＿＿＿　　日期：＿＿＿＿＿

合同期间工作鉴定及续签合同意见	直属上级：
	（一）合同期间工作鉴定：
	（二）是否续签合同意见：
	1. 是　　　□　　　合同期限：＿＿＿＿年
	2. 否　　　□
	3. 其他（请注明）：
	签名：＿＿＿＿＿　　日期：＿＿＿＿＿
	部门经理意见：
	签名：＿＿＿＿＿　　日期：＿＿＿＿＿
	人力资源部意见：
	签名：＿＿＿＿＿　　日期：＿＿＿＿＿

劳动合同续订注意事项

劳动合同续订中需要注意的是，根据《劳动合同法》规定，除"用人单位维持或者提高劳动合同约定条件续订劳动合同，劳动者不同意续订"的情形外，终止固定期限劳动合同的，用人单位需要支付经济补偿金。因此，对于续订要明确公司和个人双方的意思，才能做出客观的判断。

5.5.3 劳动合同续订手续

劳动合同续订审批后，就要根据公司和员工双方的意愿进行沟通，履行劳动合同续订或不再续订的手续，具体内容见表 5-3《劳动合同续订书》和表 5-4《劳动合同期满不再续订通知书》。

表 5-3　　　　　　　　　　　劳动合同续订书

本次续订劳动合同期限类型为＿＿＿＿＿＿期限合同，续订合同生效日期为＿＿＿＿年＿＿月＿＿日，续订合同于＿＿＿＿年＿＿月＿＿日终止。 　　乙方于＿＿＿＿＿＿公司＿＿＿＿＿部门担任＿＿＿＿＿岗位工作。 甲方（盖章）：＿＿＿＿＿＿＿＿＿　　　　　　乙方（签字）：＿＿＿＿＿＿＿＿＿ 法定代表人或授权代表人（签字）：＿＿＿＿＿＿ 签订日期：＿＿＿年＿＿月＿＿日　　　　签订日期：＿＿＿年＿＿月＿＿日 签订地点：＿＿＿＿＿＿＿＿＿＿　　　　签订地点：＿＿＿＿＿＿＿＿＿＿

表 5-4　　　　　　　　　　劳动合同期满不再续订通知书

＿＿＿＿＿员工： 　　您好！ 　　您与公司签订的劳动合同于＿＿＿＿年＿＿月＿＿日到期，经慎重研究后，公司决定不再续订劳动合同。 　　请于＿＿＿＿年＿＿月＿＿日之前，按照公司相关规定进行工作交接，并办理离职手续。 　　特此通知！ 　　　　　　　　　　　　　　　　　　＿＿＿＿＿＿＿＿＿＿＿公司 　　　　　　　　　　　　　　　　　　＿＿＿＿年＿＿月＿＿日

H
经
验
分
享
Human Resources

劳动合同续订的时间要求

劳动合同续订中另外一个需要注意的是续订手续履行的时间。如果双方已经明确续订劳动合同，则续订手续需要在劳动合同到期前完成，最迟不能超过劳动合同到期后30天。如果明确不再续订劳动合同，则通知需要在劳动合同到期前30天发出，并在劳动合同到期前办理离职手续。

5.6 | 变更劳动合同

5.6.1　劳动合同变更的流程

劳动合同的变更一般遵循的流程如图5-4所示。

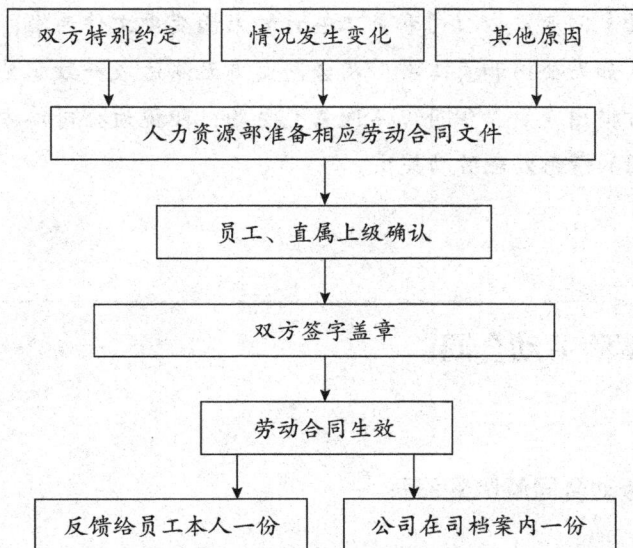

图5-4　劳动合同变更流程

5.6.2 劳动合同变更手续

劳动合同变更需要以书面变更手续为准，见表 5-5。

表 5-5 　　　　　　　　　　　　　劳动合同变更书

经甲乙双方平等自愿、协商同意，对本合同做以下变更（不够可另附页）：
甲方（盖章）：_____　　　乙方（签字）：_____ 法定代表人或授权代表人（签字）：_____ 签订日期：_____年___月___日　　　签订日期：_____年___月___日 签订地点：_____　　　　签订地点：_____

经验分享
Human Resources

劳动合同变更注意事项

劳动合同变更以公司和员工签订的书面变更文件为准，需要注意的是，如果公司和员工就劳动合同变更无法达成一致意见，尤其是公司方提出变更，但员工不同意变更的，即视为公司单方面解除劳动合同的情形处理劳动关系。

5.7 解除劳动合同

5.7.1 劳动合同解除的流程

劳动合同解除是劳动合同管理中非常重要的一项，不仅因为劳动合同解除涉及很多特殊的情况，而且与劳动合同解除相关的法律法规也是非常复杂的，因此，劳动合同解除是人力资源管理人员需要重点掌握的工作要点之一。

　　一般来说，劳动合同解除可以分为员工主动提出解除、公司主动提出解除和协商解除三种。员工提出解除劳动合同即常说的"辞职"，由员工提出书面的辞职报告，与公司沟通确认后即可以办理离职手续。公司提出主动解除劳动合同即常说的"辞退""辞工"等，由公司以书面的形式通知员工，并与员工沟通确认后，解除劳动关系，员工办理离职手续。协商解除指公司与员工就劳动合同解除一事进行协商，并最终达成一致意见，双方签订协商解除劳动合同协议书，解除劳动关系，员工办理离职手续。

　　下面，我们看一下员工提出解除劳动合同流程（见图 5-5）和公司提出解除劳动合同流程（见图 5-6）。

　　此外，公司与员工双方协商解除劳动合同一般会签订《劳动合同解除协议书》，具体内容如表 5-6 所示。

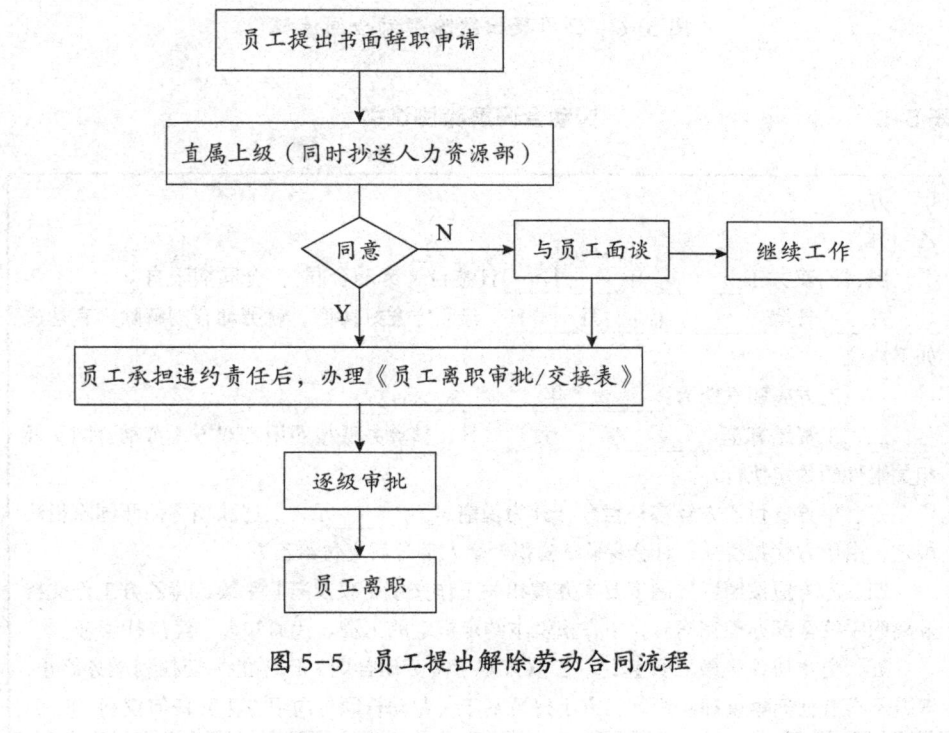

图 5-5　员工提出解除劳动合同流程

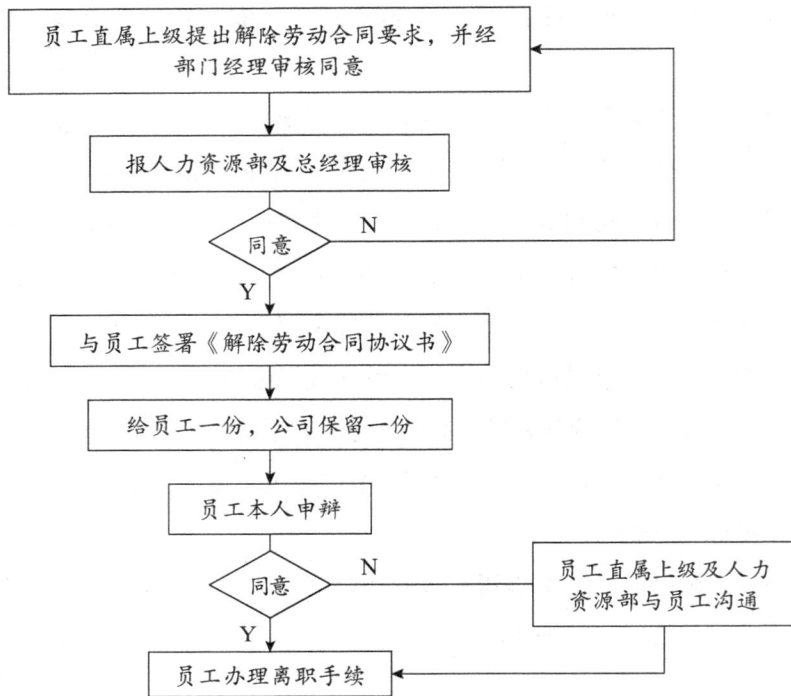

图 5-6　公司提出解除劳动合同流程

表 5-6　　　　　　　　　　　　劳动合同解除协议书

甲　方：

乙　方：

　　甲、乙双方于＿＿＿＿＿年＿＿＿月＿＿＿日签订《劳动合同》，合同期限自＿＿＿＿＿年＿＿＿月＿＿＿日至＿＿＿＿＿年＿＿＿月＿＿＿日。经双方友好协商，就劳动合同解除事宜达成如下协议：

　　一、乙方离职日期为：＿＿＿＿＿年＿＿＿月＿＿＿日。

　　二、工资结算至＿＿＿＿＿年＿＿＿月＿＿＿日，核算办法按照甲乙双方《劳动合同》及相关附件的约定执行。

　　三、甲方支付乙方经济补偿金合计为税前￥＿＿＿＿＿元，上述款项将依照国家税法规定，由甲方代扣税款、社会保险／公积金个人部分后支付给乙方。

　　四、乙方应按照甲方制度要求办理相关工作交接手续及离职手续，待乙方工作交接及离职手续全部办理完毕后，甲方核发本约定规定的工资、代通知金、经济补偿金。

　　五、自本协议生效之日起，甲乙双方基于《劳动合同》产生的一切权利义务终止，双方不再有任何争议和纠纷，乙方不得再基于《劳动合同》向甲方主张任何权利。

六、本协议自甲、乙双方签字盖章之日起生效。
七、本协议一式两份，甲、乙双方各执一份，具有同等法律效力。
甲方（盖章）：_____ 乙方（签字）：_____
法定代表人或授权代表人（签字）：_____
签订日期：_____年___月___日 签订日期：_____年___月___日
签订地点：_____ 签订地点：_____

5.7.2 劳动合同解除相关要求

劳动合同解除主要分为员工可以解除的情形（分为提前 30 天提出、提前 3 天提出和随时提出三种）、公司可以解除的情形（分为支付补偿金、不支付补偿金两种）、公司不可以解除的情形等情况，我们将一一分析。

1. 员工可以解除劳动合同的情形（见表 5-7）。

表 5-7 员工可以解除劳动合同的情形

序号	类别	情形	备注
1	提前30天提出	劳动者提前 30 日以书面形式通知用人单位，可以解除劳动合同。	只要书面形式就可以
2	提前 3 天提出	劳动者在试用期内提前 3 日通知用人单位，可以解除劳动合同。	不需要书面形式
3	随时提出	用人单位有下列情形之一的，劳动者可以解除劳动合同： （一）未按照劳动合同约定提供劳动保护或者劳动条件的； （二）未及时足额支付劳动报酬的； （三）未依法为劳动者缴纳社会保险费的； （四）用人单位的规章制度违反法律、法规的规定，损害劳动者权益的； （五）因"以欺诈、胁迫的手段或者乘人之危，使对方在违背真实意思的情况下订立或者变更劳动合同"的情形致使劳动合同无效的； （六）法律、行政法规规定劳动者可以解除劳动合同的其他情形。 用人单位以暴力、威胁或者非法限制人身自由的手段强迫劳动者劳动的，或者用人单位违章指挥、强令冒险作业危及劳动者人身安全的，劳动者可以立即解除劳动合同，不需要事先告知用人单位。	

2. 公司可以解除劳动合同的情形（见表 5-8）。

表 5-8 公司可以解除劳动合同的情形

序号	类别	情形	备注
1	随时提出，不支付经济补偿金	劳动者有下列情形之一的，用人单位可以解除劳动合同： （一）在试用期间被证明不符合录用条件的； （二）严重违反用人单位的规章制度的； （三）严重失职，营私舞弊，给用人单位造成重大损害的； （四）劳动者同时与其他用人单位建立劳动关系，对完成本单位的工作任务造成严重影响，或者经用人单位提出，拒不改正的； （五）因"以欺诈、胁迫的手段或者乘人之危，使对方在违背真实意思的情况下订立或者变更劳动合同"的情形致使劳动合同无效的； （六）被依法追究刑事责任的。	必须要有相关证据
2	提前三十天提出，支付经济补偿金	一、正常解除 有下列情形之一的，用人单位提前三十日以书面形式通知劳动者本人或者额外支付劳动者一个月工资后，可以解除劳动合同： （一）劳动者患病或者非因工负伤，在规定的医疗期满后不能从事原工作，也不能从事由用人单位另行安排的工作的； （二）劳动者不能胜任工作，经过培训或者调整工作岗位，仍不能胜任工作的； （三）劳动合同订立时所依据的客观情况发生重大变化，致使劳动合同无法履行，经用人单位与劳动者协商，未能就变更劳动合同内容达成协议的。	需要书面形式通知
		二、裁员 有下列情形之一，需要裁减人员二十人以上或者裁减不足二十人但占企业职工总数百分之十以上的，用人单位提前三十日向工会或者全体职工说明情况，听取工会或者职工的意见后，裁减人员方案经向劳动行政部门报告，可以裁减人员： （一）依照企业破产法规定进行重整的； （二）生产经营发生严重困难的； （三）企业转产、重大技术革新或者经营方式调整，经变更劳动合同后，仍需裁减人员的； （四）其他因劳动合同订立时所依据的客观经济情况发生重大变化，致使劳动合同无法履行的。	裁员后如再录用还有相关要求

续表

序号	类别	情形	备注
3	不需要提前三十天提出，但仍需要支付经济补偿金	一、协商解除劳动合同 用人单位与劳动者协商一致，可以解除劳动合同。	
		二、劳动者被迫解除劳动合同 用人单位有下列情形之一的，劳动者提出解除劳动合同，用人单位必须支付经济补偿金： （一）未按照劳动合同约定提供劳动保护或者劳动条件的； （二）未及时足额支付劳动报酬的； （三）未依法为劳动者缴纳社会保险费的； （四）用人单位的规章制度违反法律、法规的规定，损害劳动者权益的； （五）因"以欺诈、胁迫的手段或者乘人之危，使对方在违背真实意思的情况下订立或者变更劳动合同"的情形致使劳动合同无效的； （六）法律、行政法规规定的劳动者可以解除劳动合同的其他情形。 用人单位以暴力、威胁或者非法限制人身自由的手段强迫劳动者劳动的，或者用人单位违章指挥、强令冒险作业危及劳动者人身安全的，劳动者可以立即解除劳动合同，不需要事先告知用人单位。	

3. 公司不可以解除劳动合同的情形（见表 5-9）。

表 5-9　　　　　　　　　公司不可以解除劳动合同的情形

类别	情形	备注
不可以解除劳动合同	劳动者有下列情形之一的，用人单位不得解除劳动合同： （一）从事接触职业病危害作业的劳动者未进行离岗前职业健康检查，或者疑似职业病病人在诊断或者医学观察期间的； （二）在本单位患职业病或者因工负伤并被确认丧失或者部分丧失劳动能力的； （三）患病或者非因工负伤，在规定的医疗期内的； （四）女职工在孕期、产期、哺乳期的； （五）在本单位连续工作满十五年，且距法定退休年龄不足五年的； （六）法律、行政法规规定的其他情形。	不可以解除的情形如劳动合同期满需要将劳动合同自动延期至情形结束

5.8　终止劳动合同

5.8.1　劳动合同终止的流程

劳动合同终止是指在劳动合同约定的期限已满的情况下劳动合同的终结。一般来说，劳动合同终止履行以下流程（见图 5-7）。

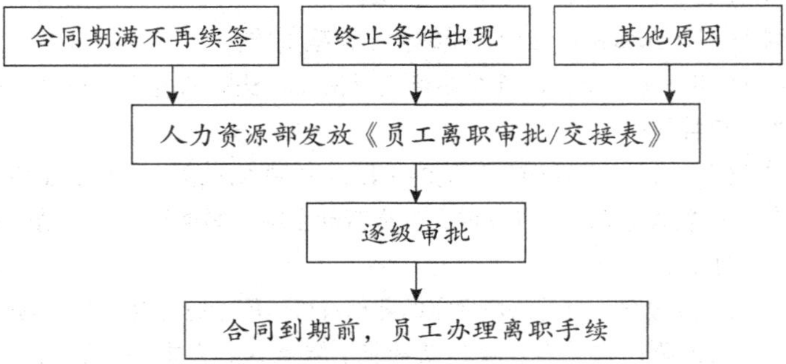

```
合同期满不再续签    终止条件出现    其他原因
            ↓          ↓          ↓
     人力资源部发放《员工离职审批/交接表》
                    ↓
                逐级审批
                    ↓
        合同到期前，员工办理离职手续
```

图 5-7　劳动合同终止流程

5.8.2　劳动合同终止手续

劳动合同终止手续是指在劳动合同到期后不再续签的情况下所履行的手续。如果员工提出不再续签劳动合同，则以离职审批表内容为准，员工在劳动合同到期前办理离职手续即可。如果是公司方提出不再续签劳动合同，则由公司发出书面的劳动合同终止通知书（见表 5-10）。

表 5-10　　　　　　　　劳动合同终止通知书

_____员工： 您好！ 　　您与公司于____年__月__日签订劳动合同，由于_____原因，该劳动合同将于____年__月__日终止。 　　请于____年__月__日之前，按照公司相关规定进行工作交接，并办理离职手续。特此通知！ 　　　　　　　　　　　　　　　　　　_____公司 　　　　　　　　　　　　____年__月__日

5.8.3　劳动合同终止的注意事项

对于劳动合同终止，关键要注意：公司方需要补偿的情形、不需要补偿的情形和不能终止这三个特殊情况（详见表 5-11）。

表 5-11　　　　　　　　　　公司终止劳动合同的特殊情形

序号	类别	情形	备注
1	公司不需要支付补偿金	有下列情形之一的，劳动合同终止，公司不需要支付补偿金： （一）劳动合同期满，劳动者提出不再续签的； （二）劳动合同期满，用人单位维持或者提高劳动合同约定条件续订劳动合同，劳动者不同意续订的； （三）劳动者开始依法享受基本养老保险待遇的； （四）劳动者死亡，或被人民法院宣告死亡，或者宣告失踪的； （五）法律、行政法规规定的其他情形。	
2	公司需要支付补偿金	有下列情形之一的，劳动合同终止，公司需要支付补偿金： （一）劳动合同期满，用人单位提出不再续签的； （二）用人单位被依法宣告破产的； （三）用人单位被吊销营业执照、责令关闭、撤销或者用人单位决定提前解散的； （四）法律、行政法规规定的其他情形。	补偿金的标准与解除一致
3	不可以终止劳动合同	劳动者有下列情形之一的，用人单位不得终止劳动合同： （一）从事接触职业病危害作业的劳动者未进行离岗前职业健康检查，或者疑似职业病病人在诊断或者医学观察期间的； （二）在本单位患职业病或者因工负伤并被确认丧失或者部分丧失劳动能力的，按照国家有关工伤保险的规定执行； （三）患病或者非因工负伤，在规定的医疗期内的； （四）女职工在孕期、产期、哺乳期的； （五）在本单位连续工作满十五年，且距法定退休年龄不足五年的； （六）法律、行政法规规定的其他情形。	不可以终止的情形如劳动合同期满需要将劳动合同自动延期至情形消失时终止

5.9 劳动合同法规

在本章中，讲述劳动合同管理环节时，已经将劳动合同相关的法律法规都进行了整理。与劳动合同相关的法律法规主要是《劳动法》中第三章"关于劳动合同和集体合同"的条款，以及《劳动合同法》，由于篇幅有限，就不全部列举了。

应用解析

在实践工作中，劳动合同管理是企业劳动关系的核心，劳动合同管理具有非常强的法律约束性，要想做好劳动合同的管理工作，必须先认真学习、研读劳动法律法规；此外，劳动合同管理并不只是一个书面约定，因为是涉及人的管理，有很多弹性的空间，所以，劳动合同管理人员还要不断学习掌握相关案例，并结合企业和当事人的实际情况，在法规约束的范围内协商处理。

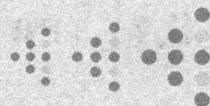

第 **6** 章
薪资管理

6.1 HR 应知应会

薪酬管理工作模块是人力资源管理的重点模块之一，也是 HR 从业人员应掌握和熟练应用的工作模块（具体见表 6-1 "薪资管理"要点、技能、流程、图表）。薪资管理工作模块共包括 6 项工作要点，具体细分为 6 项关键技能，需要掌握 1 个关键流程和 12 个关键图表。

表 6-1   "薪资管理"要点、技能、流程、图表

序号	6 项工作要点	6 项关键技能	1 个关键流程	12 个关键图表
1	理解薪资管理	理解薪资管理内容		
2	核定薪资数额	核定薪资各类数额		工资核定相关表格
3	制作工资表	制作完整工资表格		月工资明细表
4	核算个人所得税	核算好个人所得税		纳个税身份界定及周期表 个人所得及对应税率表 个人所得税税率表 个人所得的应纳税所得额确定表 扣除项目表 专项附加扣除项目表 年度个税累计计算表
5	发放薪资	准确及时发放薪资	工资发放流程	工资发放汇总表
6	汇总分析薪资	进行薪资汇总分析		部门工资发放汇总表 年度工资福利汇总表

6.2 | 实战案例分析

实景重现

实例1：张超任软件工程师，大学毕业后入职1年，在项目中工作表现优秀，他对团队很认同，工作积极努力。最近，在一个新项目中，他认识了另外一位同事李萌，李萌和张超同时入职，是同年的应届毕业生，职位都是软件工程师。一个偶然的机会，张超得知李萌入职后的基本工资是6500元，比自己的6000元高500元，虽然其他的项目津贴和福利等都是一样的，张超心里还是很不平衡，于是提出了辞职。

实例2：王力是一家公司的项目经理，带项目经验丰富，项目实施中多次受到客户的好评。项目经理的项目奖金是根据工作量、成本控制、客户满意度等几个方面的评价发放的。另外一名项目经理杨兵是公司副总的同学，每次项目奖金核算时，明明杨兵的项目实施不如王力做得好，但拿到的项目奖金却差不多。王力和部门经理沟通过一次，部门经理未置可否，最终王力选择了辞职。

案例分析

通过以上两个例子，大家可以看到其中的问题——"不患寡而患不均"。很多员工对薪酬的不满不是针对"金额"，而是针对"公平"，这一点在优秀员工身上，尤其重要！就像以上两个实例，并不是基薪上涨500元就是员工所追求的，员工更多地关注，或者说更加看重"我自己的付出与回报是否公平？""为什么我做得比他好，得到的却比他少（哪怕只少一点点）？""为什么他做得不如我好，却得到的和我一样多（哪怕我不少）？"

作为HR专业人员，我们要深入分析，员工对于薪酬的公平感来源于哪几个层面。

第一个层面是基础薪资和福利的公平。基础薪资和福利是用来保障员工基本生活的，基础薪资根据职位级别及系列分为不同等级，但差距不大。对于同等职位、同等资历的员工，基础薪资和福利的公平是非常重要的，就像我们前面举的第一个实例，往往微小的不公平就会导致员工心态的失衡。

第二个层面是绩效薪酬的公平。这一层面的公平分为对员工正向工作结果的肯定及对负向工作结果的否定。在实践工作中，绩效考核执行时我们更多地关注前一点，即别让优秀的人才得不到应有的回报，但是，给予不优秀人才的回报反而会对优秀人才造成更大的伤害，就像我们前面举的第二个例子。

第三个层面是长期激励的公平。例如，股权、期权，本意是为了留住员工长期与企业共同发展，但如果在这些机制设计时存在不公平，如有的企业以服务年限作为股权核定的主要依据，那么在这样的机制下，后期加入的业绩优秀员工是很难留住的。

第四个层面是非经济性薪酬的公平。例如，企业评选优秀员工、授予荣誉称号、职位名称、授权等，甚至是办公室的安排、开会的座次、领导说话的态度等细小的方面，都会引起员工的不满，积小成大，最终导致员工愤然离职。

综合起来说，薪酬的公平性对于员工，尤其是优秀员工，在薪酬满意度方面的影响并不次于薪酬的金额。我们在设计薪酬体系和具体落实薪酬制度时，一定要在薪酬的不同层面关注到这一因素，并在日常工作中及时发现问题、解决问题，提升员工的满意度，提升优秀员工的保留率！

6.3 理解薪资管理

薪资管理工作是人力资源管理的核心模块之一，薪资不仅关系到员工个人的利益，更关系到企业整体的竞争力和成本控制。薪资管理涉及整体人工成本总额的控制、薪资策略的制定、薪资结构的设计、薪资标准的确定、薪资调查及薪资的日常管理等多项工作。以下主要是对薪资的日常管理流程进行梳理，保证日常工作的正常运行。

薪资日常管理的主要工作内容见图6-1。

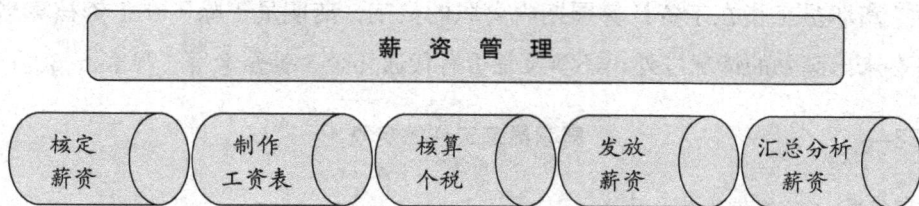

图 6-1　薪资管理主要工作内容

6.4　核定薪资数额

工资表制作前要对工资相关的数据进行收集和汇总,这个过程就是要将对工资表制作有影响的所有数据进行逐个清理,一般来说,会分为新进员工、离职员工、调动员工、转正员工、绩效考核、工资调整、员工考勤、社保/公积金、员工补贴、员工扣款及其他数据这十一类。

下面,我们就逐个看一下这些与工资表相关的基础数据和表样。

1.新进员工的工资核定

新进员工指在工资计算周期内入职的新员工,一般来说,新进员工在工资核算当月有未出满勤的情况(见表6-2)。

表 6-2　　　　　　　　新进员工工资核定表

打印日期:××××年×月×日

序号	部门	姓名	职位	身份	合同性质	岗位工资	绩效工资	入职日期	出勤天数	身份证号码	备注

制表人:　　　　　　　　审核人:　　　　　　　　批准人:

2. 离职员工的工资核定

离职员工指在工资计算周期内离职的员工，离职员工除了在工资核算当月有未出满勤的情况以外，还涉及是否有代通知金、补偿金等（见表 6-3）。

表 6-3 离职员工工资核定表

打印日期：××××年×月×日

序号	部门	姓名	职位	离职方式	离职日期	出勤天数	本月工资处理说明	代通知金	补偿金（不计税）	其他工资	备注

制表人： 审核人： 批准人：

3. 调动员工的工资核定

调动员工指工资核算周期内涉及部门变化、岗位调整和工资调整，原则上要按照调整时间分前后两段对工资分部门、分额度进行核算（见表 6-4）。

表 6-4 调动员工工资核定表

打印日期：××××年×月×日

序号	姓名	原部门	原任职位	调往部门	新任职位	薪资变动情况	调动日期	考勤分布		备注
								原	新	

制表人： 审核人： 批准人：

4. 转正员工的工资核定

转正员工指工资核算周期内办理完毕转正审批的员工。转正员工涉及转正前和转正后的工资变动，原则上要按照转正时间分前后两段对工资分别进行核算（见表6-5）。

表6-5 转正员工工资核定表

打印日期：××××年×月×日

序号	部门	姓名	职位	转正前岗位工资	转正前绩效工资	转正后岗位工资	转正后绩效工资	转正日期	出勤情况		备注
									转正前	转正后	

制表人： 审核人： 批准人：

5. 绩效考核工资的核定

绩效考核涉及所有有绩效工资的员工，所以，在制作工资表和工资发放的准备工作中，绩效考核结果是非常重要的一项。具体的表样由于岗位属性或公司业务性质的差异可能会差别非常大，在此，仅提供一个通用的模板供参考（参见表6-6）。

表6-6 绩效考核工资核定表

打印日期：××××年×月×日

序号	部门	姓名	职位	职位属性	核定岗位工资	核定绩效工资	考核方式	考核周期	计划任务额	实际完成任务额	完成比例	绩效工资核发额	备注

制表人： 审核人： 批准人：

6. 工资调整的核定

工资的调整可能是多种原因造成的，如职位升迁、调整，或定期的工资调整，或年度的工资调整，使用的表样见表6-7。

表 6-7　　　　　　　　　　　　**工资调整核定表**

打印日期：××××年×月×日

序号	部门	姓名	原任职位	新任职位	原工资	调整后工资	变动日期	考勤分布		备注
								原	新	

制表人：　　　　　　　　　审核人：　　　　　　　　　批准人：

7. 员工考勤的统计

员工考勤是员工出勤情况的记录，与工资有直接的关联关系，其中多项涉及工资扣款，如迟到、早退、旷工等，使用的表样见表 6-8。

表 6-8　　　　　　　　　　　　**员工考勤统计表**

打印日期：××××年×月×日

序号	部门	姓名	病假	事假	迟到 / 早退	旷工	带薪休假	其他	备注

制表人：　　　　　　　　　审核人：　　　　　　　　　批准人：

8. 员工社保 / 公积金的统计

员工的社会保险（五险）、公积金中有按月的个人扣款部分，必须提前统计，并列入工资中，使用的表样见表 6-9。

表6-9　　　　　　　　　　　　社保／公积金统计表

打印日期：××××年×月×日

序号	部门	姓名	职位	养老保险		医疗保险		失业保险		住房公积金		工伤保险	生育保险	备注
				个人缴纳	公司缴纳	个人缴纳	公司缴纳	个人缴纳	公司缴纳	个人缴纳	公司缴纳	公司缴纳	公司缴纳	

制表人：　　　　　　　　审核人：　　　　　　　　　　批准人：

9. 员工补贴的核定

员工补贴涉及工资的增项，补贴可能是福利，也可能是临时的工资，原则上补贴全部应列为税前工资，使用的表样见表6-10。

表6-10　　　　　　　　　　　员工补贴核定表

打印日期：××××年×月×日

序号	部门	姓名	职位	补贴类型	核算周期	补贴额度	是否税前	备注

制表人：　　　　　　　　审核人：　　　　　　　　　　批准人：

10. 员工扣款的统计

员工扣款涉及工资的减项，扣款可能是员工惩罚，也可能是福利费用，如宿舍费等，扣款分为税前扣款和税后扣款，要注意区分，使用的表样见表6-11。

表 6-11   员工扣款统计表

打印日期：××××年×月×日

序号	部门	姓名	职位	扣款类型	核算周期	扣款额度	是否税前	备注

制表人：   审核人：   批准人：

11. 其他与工资相关内容

除以上与工资相关的通常项目和常用表格外，在实践中还可能有其他的管理项目与工资相关，要注意及时收集与整理，并积累形成固定格式的统计表，以提高效率。

综合以上十一项内容，工资核定所使用的表格汇总见表 6-12。

表 6-12   工资核定相关表格

序　号	涉及事项	表格名称
1	新进员工	《新进员工工资核定表》
2	离职员工	《离职员工工资核定表》
3	调动员工	《调动员工工资核定表》
4	转正员工	《转正员工工资核定表》
5	绩效考核	《绩效考核核定表》
6	工资调整	《工资调整核定表》
7	员工考勤	《员工考勤统计表》
8	员工社保 / 公积金	《社保 / 公积金统计表》
9	员工补贴	《员工补贴核定表》
10	员工扣款	《员工扣款统计表》
11	其他	相关统计表

6.5 制作好工资表

工资核定工作完成后，就可以制作工资表了。工资表是详细记录工资、基本福利发放情况的表格，原则上要清晰明了、逻辑关系明确、数据准确，我们先来看一下标准的工资表样表，见表6-13。

我们将详细分析一下工资表的具体结构：

1. 表头、表尾

表头一般包括文件名称、统计周期和打印日期三项。大多数企业的工资是一月一发，所以工资表一般是一月一做，文件名称一般为"××公司××××年×月工资明细表"。统计周期是指工资的计薪周期，企业一般采取"自然月（1~30/31日）""16日至次月15日"或"21日至次月20日"等几种，可依据企业的不同情况或约定俗成来确定。打印日期是指出表日期，一般在制作好工资表准备签批前填写此日期。

表尾一般包括备注、页码和工资表签批人员/日期。备注是要对工资表进行特别或补充说明的事项。工资表签批人员一般包括"制表人""审核人"和"批准人"，如审核人较多，可以增加"一级审核人""二级审核人"或"HR经理审核""业务部门经理审核"等，来区分不同的审核、批准级别或职位人员。

2. 基本信息

基本信息是工资表最左侧的几列固定项，用于明确员工的基本信息，一般包括："序号""部门""姓名"等，也可根据实际情况增加，如"工卡号""职位""二级部门"等。原则上员工基本信息要尽量简短。

3. 税前工资细目及总额

绝大部分工资细目都是税前工资。在这部分主要是体现出工资的具体细目，一般采用"基本/岗位工资+绩效工资增项–绩效工资减项+补贴/津贴增项–补贴/津贴减项+其他工资"的模式。

在明确了工资细目的基础上，要计算一个汇总额，即以上明细加减后得到的结果。

表 6-13

月工资明细表

计薪周期：×××× 年 × 月 × 日至 ×××× 年 × 月 × 日

打印日期：×××× 年 × 月 × 日

序号	部门	姓名	基本工资	绩效工资	补贴	工资总额	养老（个人）	养老（公司）	医疗（个人）	医疗（公司）	失业（个人）	失业（公司）	工伤（公司）	生育（公司）	住房（个人）	住房（公司）	考勤扣款	个人所得税	其他补贴（+）	其他扣款（−）	工资实发	公司福利支出合计	公司支出合计
1																							
2																							
3																							
4																							
5																							
6																							
7																							
8																							
9																							
10																							
共计：																							

备注：

制表人：　　　　　　　审核人：　　　　　　　审批人：

日期：　　　　　　　　日期：　　　　　　　　日期：

第　页　共　页

4. 社会保险 / 公积金个人和公司部分

请注意，社会保险（五险）和公积金的个人缴纳部分是列入税前扣款的。

虽然社会保险（五险）和公积金的公司缴纳部分不扣个人款，但仍列入工资表中，是为了人工成本总额统计使用的。

5. 考勤

考勤扣款也是列入税前扣款部分的。

一般是考勤扣款的汇总数，但也有使用考勤扣款各细目的，如"迟到扣款""事假扣款"等。

6. 个人所得税

一般是个人所得税总数，但也可细分为"税前总额""扣税基数""速算扣除数""个人所得税额"等细项。

7. 税后增减项

税后的增减项要特别注意，尤其是税后增项，需要查询相关税法来确定。

8. 工资实发额

这一项就是实际发到员工手里的工资额。

9. 工资总额

这部分一般包括"公司工资支出合计""公司福利支出合计"和"公司人工成本支出合计"三项。

这部分体现在工资表中主要是为人工成本总额统计做准备工作。

10. 其他补充信息

除以上工资表项目外，还可以添加其他补充信息。

一般补充信息包括"身份证号""银行账号""发薪地""备注"等。

此外，还需要注意工资表中的主要逻辑关系：

- 基本工资 + 绩效工资 + 补贴 = 工资总额
- 工资总额 – 养老（个人）– 医疗（个人）– 失业（个人）– 住房（个人）– 考勤扣款 – 个人所得税 + 其他补贴 – 其他扣款 = 工资实发
- 养老（公司）+ 医疗（公司）+ 失业（公司）+ 工伤（公司）+ 生育（公司）+ 住房（公司）= 公司福利支出合计
- 工资总额 – 考勤扣款 + 其他补贴 – 其他扣款 + 公司福利支出合计 = 公司支出合计

H
uman Resources
经验分享

做工资的主要手段

一般公司规模不大或内部信息化建设较弱时，多使用 Microsoft Excel 制作工资表。在用 Excel 制作工资表时，注意多使用 Excel 中的工具来保证准确性和提高效率。以下就是做工资表使用到 Excel 时一些常用的小工具：

设置计算公式：加、减、乘、除、IF、SUM、COUNT、ROUND 等；

统计：自动求和（∑）、分类合并、分类汇总等；

数据分析：排序、筛选、数据透视表等。

有些公司有内部信息管理系统或购买了专业的 E-HR 系统，其中有薪酬模块，基本的思路不会有太大的变化，有系统后会大大减少工作量，提高效率和准确度。

6.6 计算个人所得税

6.6.1 缴纳个人所得税身份界定及周期

根据 2019 年 1 月 1 日正式执行的《中华人民共和国个人所得税法》（第七次修正）相关规定，在中国境内有住所，或者无住所而一个纳税年度内在中国境内居住累计满一百八十三天的个人，为居民个人。居民个人从中国境内和境外取得的所得，依法缴纳个人所得税。

在中国境内无住所又不居住，或者无住所而一个纳税年度内在中国境内居住累计不满一百八十三天的个人，为非居民个人。非居民个人从中国境内取得的所得，依法缴纳个人所得税。

纳税年度，自公历一月一日起至十二月三十一日止。

对于缴纳个人所得税身份界定及纳税周期见表 6-14。

表 6-14 纳个税身份界定及周期表

身份名称	界定方法	纳个税所得范围	纳个税周期
居民	在中国境内有住所，或者无住所而一个纳税年度内在中国境内居住累计满一百八十三天的个人	从中国境内和境外取得的所得	年度（自公历一月一日起至十二月三十一日止）
非居民	在中国境内无住所又不居住，或者无住所而一个纳税年度内在中国境内居住累计不满一百八十三天的个人	从中国境内取得的所得	年度（自公历一月一日起至十二月三十一日止）

6.6.2　个人所得及适用税率

《中华人民共和国个人所得税法》(第七次修正，2019 年 1 月 1 日正式执行）规定个人所得共分为九种，并分别对应不同的个人所得税税率，其中前四项，即工资/薪金所得、劳务报酬所得、稿酬所得、特许权使用费统称为"综合所得"，具体见表 6-15。

表 6-15 个人所得及对应税率表

序号	个人所得	分类	适用税率
1	工资、薪金所得	综合所得	适用百分之三至百分之四十五的超额累进税率（见税率表 6-16）
2	劳务报酬所得		
3	稿酬所得		
4	特许权使用费所得		
5	经营所得	——	适用百分之五至百分之三十五的超额累进税率（见税率表 6-17）
6	利息、股息、红利所得	——	适用比例税率，税率为百分之二十
7	财产租赁所得	——	
8	财产转让所得	——	
9	偶然所得	——	

个人的综合所得，以每一纳税年度的收入额减除费用六万元（5000元/月）以及专项扣除、专项附加扣除和依法确定的其他扣除后的余额，为应纳税所得额。在扣除标准的基础上执行七级超额累进税率见表 6-16。

表 6-16　　　　　　　　　个人所得税税率表一（综合所得适用）

级数	全年应纳税所得额	税率（%）
1	不超过 36000 元的	3
2	超过 36000 元至 144000 元的部分	10
3	超过 144000 元至 300000 元的部分	20
4	超过 300000 元至 420000 元的部分	25
5	超过 420000 元至 660000 元的部分	30
6	超过 660000 元至 960000 元的部分	35
7	超过 960000 元的部分	45

经营所得，适用百分之五至百分之三十五的超额累进税率（税率表见表6-17）。

表 6-17　　　　　　　　　个人所得税税率表二（经营所得适用）

级数	全年应纳税所得额	税率（%）
1	不超过 30000 元的	5
2	超过 30000 元至 90000 元的部分	10
3	超过 90000 元至 300000 元的部分	20
4	超过 300000 元至 500000 元的部分	30
5	超过 500000 元的部分	35

6.6.3　应纳税所得额

需要注意的是，所有的个人所得均需要以"应纳税所得额"来计算个人所得税，"应纳税所得额"需要在个人所得的基础上进行扣减后得出，具体见

表 6-18。

表 6-18　　　　　　　　　　个人所得的应纳税所得额确定表

序号	分类	个人所得	应纳税所得额		适用税率
1	综合所得	工资、薪金所得	收入 - 基本费用减除（60000/ 年） - 专项扣除 - 专项附加扣除 - 其他扣除	居民：个人的综合所得，以每一纳税年度的收入额减除费用六万元以及专项扣除、专项附加扣除和依法确定的其他扣除后的余额，为应纳税所得额。非居民：个人的工资、薪金所得，以每月收入额减除费用五千元后的余额为应纳税所得额；劳务报酬所得、稿酬所得、特许权使用费所得，以每次收入额为应纳税所得额。	适用百分之三至百分之四十五的超额累进税率（见税率表 6-16）
2		劳务报酬所得	收入 ×（1-20%）		
3		稿酬所得	收入 ×（1-20%）×70%		
4		特许权使用费所得	收入 ×（1-20%）		
5	—	经营所得	以每一纳税年度的收入总额减除成本、费用以及损失后的余额，为应纳税所得额。（即经营所得应纳税所得额 = 收入 - 成本 - 费用 - 损失）		适用百分之五至百分之三十五的超额累进税率（见税率表 6-17）
6	—	利息、股息、红利所得	以每次收入额为应纳税所得额。（即股息、红利所得应纳税所得额 = 每次收入额）		
7	—	财产租赁所得	每次收入不超过四千元的，减除费用八百元；四千元以上的，减除百分之二十的费用，其余额为应纳税所得额。[即财产租赁所得应纳税所得额 = 收入 -800 元或者收入 20%（收入 ≤ 4000/ 收入 > 4000）]		适用比例税率，税率为百分之二十
8	—	财产转让所得	以转让财产的收入额减除财产原值和合理费用后的余额，为应纳税所得额。（即财产转让所得应纳税所得额 = 收入 - 财产原值 - 合理费用）		
9	—	偶然所得	以每次收入额为应纳税所得额。（即偶然所得应纳税所得额 = 每次收入额）		

6.6.4　应纳税所得额中的扣除项目

应纳税所得额中的扣除项目主要包括费用扣除、专项扣除、专项附加扣除及其他扣除四项，具体见表 6-19 和表 6-20。

表 6-19　　　　　　　　　　　　　扣除项目表

序号	扣除类型	说明	具体标准
1	费用扣除	最为基础的一项扣除，考虑了个人基本生活支出情况，设置定额的扣除标准。	5000 元 / 月 60000 元 / 年
2	专项扣除	即社会保险和住房公积金个人缴纳部分。	根据社保和住房公积金相关规定的个人缴纳部分
3	专项附加扣除	包括子女教育、继续教育、一套住房贷款利息、住房租赁、大病医疗、赡养老人六项。	见表 6-20
4	其他扣除	由国务院决定以扣除方式减少纳税的优惠政策规定，如年金、商业健康险、税收递延型养老保险等。	根据国家政策

表 6-20　　　　　　　　　　　　专项附加扣除项目表

序号	专项附加扣除类型	内容	标准	扣除方式
1	子女教育支出	学前教育和学历教育	每个子女每年定额 12000 元（每月 1000 元）	父母各 50% 或一方 100%
2	继续教育支出	学历继续教育和职业资格继续教育	每年定额 4800 元 / 取得证书每年 3600 元	学历教育可以由其父母扣除，也可以由本人扣除

续表

序号	专项附加扣除类型	内容	标准	扣除方式
3	大病医疗支出	自费 15000 元以上部分	每年 60000 元标准限额据实扣除	本人汇算清缴时扣除
4	住房贷款利息支出	本人或配偶首套房	每年 12000 元（每月 1000 元）定额扣除	夫妻可以选择由其中一方扣除
5	住房租金支出	夫妻在主要工作城市无住房	不同城市定额月 1200 元 /1000 元 /800 元	同城一方扣除 / 不同城各方扣除
6	赡养老人支出	60 岁以上父母及法定赡养人	独生子女定额每月 2000 元 / 非独生平均分摊或指定、约定分摊（每人每月最高 1000 元）	赡养 2 个及以上老人的，不按老人人数加倍扣除

6.6.5　个人所得税的累计计算与缴纳

纳税人有中国公民身份号码的，以中国公民身份号码为纳税人识别号；纳税人没有中国公民身份号码的，由税务机关赋予其纳税人识别号。扣缴义务人扣缴税款时，纳税人应当向扣缴义务人提供纳税人识别号。

扣缴义务人在一个纳税年度内，以截至当前月份累计支付的工资薪金所得收入额减除累计基本减除费用、累计专项扣除、累计专项附加扣除和依法确定的累计其他扣除后的余额为预缴应纳税所得额，按照综合所得税率表，计算出累计应预扣预缴税额，减除已预扣预缴税额后的余额，作为本期应预扣预缴税额。

下面，我们将用一个实际例子说明个人所得税的累计计算方式，见表6-21。为了计算方便，表中的收入为每月固定 13000 元，专项扣除（即社保公积金个人缴纳部分）我们按照 1000 元模拟计算，累计专项附加扣除（即六项专项附加扣除）我们按照 1000 元模拟计算。

表 6-21 年度个税累计计算表

月份	累计收入	累计专项扣除	累计费用扣除	累计专项附加扣除	应纳税所得额	税率	速算扣除数	应扣税	前期累计扣税	本期实际扣税
1 月	13000	1000	5000	1000	6000	3%	0	180	0	180
2 月	26000	2000	10000	2000	12000	3%	0	360	180	180
3 月	39000	3000	15000	3000	18000	3%	0	540	360	180
4 月	52000	4000	20000	4000	24000	3%	0	720	540	180
5 月	65000	5000	25000	5000	30000	3%	0	900	720	180
6 月	78000	6000	30000	6000	36000	3%	0	1080	900	180
7 月	91000	7000	35000	7000	42000	10%	2520	1680	1080	600
8 月	104000	8000	40000	8000	48000	10%	2520	2280	1680	600
9 月	117000	9000	45000	9000	54000	10%	2520	2880	2280	600
10 月	130000	10000	50000	10000	60000	10%	2520	3480	2880	600
11 月	143000	11000	55000	11000	66000	10%	2520	4080	3480	600
12 月	156000	12000	60000	12000	72000	10%	2520	4680	4080	600
累计	156000	12000	60000	12000	72000	——	——	4680	——	4680

6.6.6 个人所得税的汇算清缴

居民个人取得综合所得,按年计算个人所得税;有扣缴义务人的,由扣缴义务人按月或者按次预扣预缴税款;需要办理汇算清缴的,应当在取得所得的次年三月一日至六月三十日内办理汇算清缴。

非居民个人取得工资、薪金所得,劳务报酬所得,稿酬所得和特许权使用费所得,有扣缴义务人的,由扣缴义务人按月或者按次代扣代缴税款,不办理汇算清缴。

纳税人取得经营所得,按年计算个人所得税,由纳税人在月度或者季度终了后十五日内向税务机关报送纳税申报表,并预缴税款;在取得所得的次年三月三十一日前办理汇算清缴。

纳税人取得利息、股息、红利所得,财产租赁所得,财产转让所得和偶然所得，按月或者按次计算个人所得税，有扣缴义务人的，由扣缴义务人按月或者按次代扣代缴税款。

6.6.7　一次性奖金适用的个人所得税计算方式

一次性奖金的个人所得税是按照《国家税务总局关于调整个人取得全年一次性奖金等计算征收个人所得税方法问题的通知》（国税发〔2005〕9号）中的规定计算的。纳税人取得全年一次性奖金，在2021年12月31日前，不并入当年综合所得，应单独作为一个月工资、薪金所得计算纳税。在一个纳税年度内，对每一个纳税人，一次性奖金的优惠算法只允许采用一次。

一次性奖金个人所得税的计算方式为：

①（全年一次性奖金÷12个月）确定适用税率；②个人所得税 = 全年一次性奖金×适用税率 - 速算扣除数；③如全年一次性奖金低于税法规定的费用扣除额，则个人所得税 =（全年一次性奖金 - 当月工资薪金所得与费用扣除额的差额）×适用税率 - 速算扣除数。

以下是两个实例：

[**实例1**] 全年一次性奖金低于费用扣除额的

小孙年底12月工资额为2900元，另获一次性奖金10000元，则个人所得税为：

[10000 - （3500 - 2900）]÷12 = 783元，对应税率为3%；

[10000 - （3500 - 2900）]×3% = 282元。

[**实例2**] 全年一次性奖金高于费用扣除额的

小丁年底12月工资为8500元，另获一次性奖金48000元，则个人所得税为：

（8500 - 3500）×20% - 555 = 445元；

一次性奖金48000÷12 = 4000，对应税率为10%，速算扣除数为105；

年终奖应纳税额 = 48000×10% - 105 = 4695元；

小丁年底12月共计应缴纳个人所得税 = 445 + 4695 = 5140元。

6.7 | 发放工资技能

一般企业工资发放遵循以下流程（见图 6-2）。

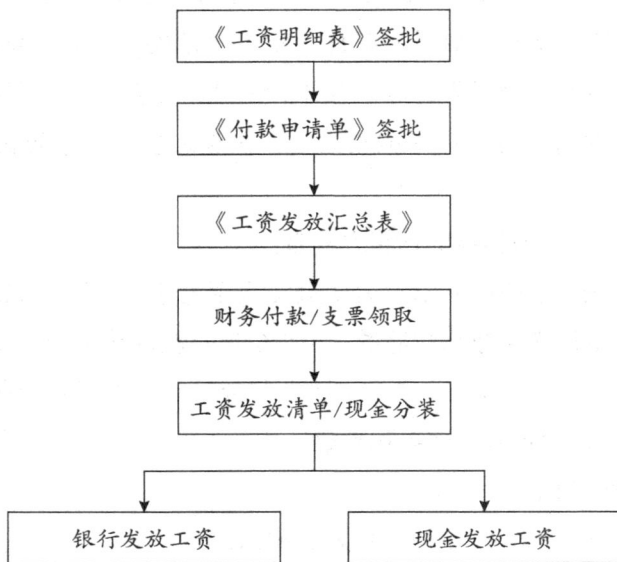

```
            《工资明细表》签批
                   │
                   ▼
            《付款申请单》签批
                   │
                   ▼
            《工资发放汇总表》
                   │
                   ▼
            财务付款/支票领取
                   │
                   ▼
            工资发放清单/现金分装
                   │
        ┌──────────┴──────────┐
        ▼                     ▼
   银行发放工资            现金发放工资
```

图 6-2　工资发放流程

《工资明细表》签批一般要求是书面签批，签批的流程取决于公司的授权程度，如薪酬专员制表——薪酬主管审核——HR 总经理审批——HRD 审批；也有些公司会加入财务审核、业务部门审核和总经理（CEO）审批的环节，如薪酬专员制表——薪酬主管审核——部门经理审核——HR 总经理审核——财务经理审核——HRD 审批——CEO 审批。

一般来说，《工资明细表》是不直接给财务人员的，因为涉及工资保密等问题，但是，财务在支付工资时必须要有入账凭证，所以，在完成《工资明细表》签批和《付款申请单》签批后，要为财务单独制作《工资发放汇总表》（见表 6-22），方可领取支票或现金。

表6-22 工资发放汇总表

制表日期： 年 月 日

序号	部门	工资总额	养老(个人)	养老(公司)	医疗(个人)	医疗(公司)	失业(个人)	失业(公司)	工伤(公司)	生育(公司)	住房(个人)	住房(公司)	考勤扣款	个人所得税	其他补贴(+)	其他扣款(−)	工资实发额	公司福利支出合计	公司支出合计
1																			
2																			
3																			
4																			
5																			
合计：																			

制表人： 审核人： 审批人：
日期： 日期： 日期：

注意最低工资标准

H 经验分享 Human Resources

最低工资标准是指劳动者在法定工作时间或依法签订的劳动合同约定的工作时间内提供了正常劳动的前提下，用人单位依法应支付的最低劳动报酬。最低工资标准每年会随着生活费用水平、职工平均工资水平、经济发展水平的变化而由当地政府进行调整。

需要注意，在以下情况中，适用于最低工资标准：

企业经济效益低下、经营困难，连续三个月以上无法正常发放工资时。

试用员工。

员工法定假期期间（如年休假、婚假、丧假、产假、哺乳假等）。

另外，不适用于最低工资标准的情况为：

如果员工提供了正常的劳动，且企业经营正常时，是不得执行最低工资标准的。

新进员工、离职员工等是由于未提供约定的劳动，不适用于最低工资标准。

在企业实习的在校学生，不适用最低工资标准。

6.8 汇总分析薪资

在薪酬基本数据收集的基础上，就要分类进行汇总工作，这也是薪酬总额统计的重要工作。一般来说，分以下几个角度对薪酬总额进行分类汇总。

首先，按照员工个人进行分类汇总。

将薪酬支出以"个人"为单位进行汇总，即把企业内所有的薪酬支出均列明至个人，以个人为单位汇总出所有的支出额，并求和统计。这里需要做的工作是将所有基础数据进行加工，全部整理成以个人为单位的数据。

经验分享 Human Resources

注意月工资表中的公司支出合计

在月工资明细表中，最重要的是最后一列，即公司支出合计，这一列是将公司每个月为每个员工发放的薪酬总额进行的统计，它的公式为：公司支出合计 = 基本工资 + 绩效工资 + 补贴 + 养老（公司）+ 医疗（公司）+ 失业（公司）+ 工伤（公司）+ 生育（公司）+ 住房（公司）- 考勤扣款 + 其他补贴 - 其他扣款。

其次，以部门为单位进行分类汇总。以部门为单位的分类汇总表见表6-23。

表 6-23　　　　　　　　部门工资发放汇总表

制表日期：　　　年　　月　　日

序号	部门	姓名	工资总额	养老（个人）	养老（公司）	医疗（个人）	医疗（公司）	失业（个人）	失业（公司）	工伤（公司）	生育（公司）	住房（个人）	住房（公司）	考勤扣款	个人所得税	其他补贴（+）	其他扣款（-）	工资实发额	公司福利支出合计	公司支出合计
1																				
2																				
3																				

续表

序号	部门	姓名	工资总额	养老(个人)	养老(公司)	医疗(个人)	医疗(公司)	失业(个人)	失业(公司)	工伤(公司)	生育(公司)	住房(个人)	住房(公司)	考勤扣款	个人所得扣税	其他补贴(+)	其他扣款(-)	工资实发额	公司福利支出合计	公司支出合计
4																				
5																				
合计:																				

制表人：　　　　　　　　　审核人：　　　　　　　　　审批人：

日期：　　　　　　　　　　日期：　　　　　　　　　　日期：

最后，以时间为单位对薪酬进行分类汇总。

可以将基础的薪酬数据整理成按月、按季、按年的数据，这项工作就是要把所有的薪酬发放单按照时间单位进行合并，并统计出总额。例如，以年为单位汇总工资福利支出（见表6-24）。

表6-24　　　　　　　　　　　年度工资福利汇总表

制表日期：　　　　年　　月　　日

序号	部门	姓名	1月工资额	1月福利额	2月工资额	2月福利额	3月工资额	3月福利额	……	……	12月工资额	12月福利额	公司福利支出合计	公司支出合计
1														
2														
3														
4														
5														
合计:														

制表人：　　　　　　　　　审核人：　　　　　　　　　审批人：

日期：　　　　　　　　　　日期：　　　　　　　　　　日期：

对薪酬总额进行分类汇总后，就可以将以上几类统计维度结合在一起进行汇总，这些角度可以多种结合，根据企业薪酬管理的实际需求确定。例如，三个维度相结合的，个人部门季度薪酬汇总表、个人部门年度薪酬汇总表等。

巧用 EXCEL 做薪酬报表合并与分类统计

EXCEL 中的一个"分类汇总"功能，选定数据后，在分类汇总功能项中直接选择字段，即可以形成分类汇总数据，而且汇总的方式可以选择"求和""计数"等。这是一个做分类汇总较为便捷的方式，不需要再在部门下单独插入行做汇总。另外，EXCEL 中还有一个"合并计算"功能，可以以固定的表头合并多个SHEET。在做汇总时，会面临将多个表的数据合并计算，这个功能能够快速实现合并报表。在这一点上，也体现出薪酬日常报表格式统一的重要性。

6.9 薪资法规解读

1.《劳动法》中薪资相关的规定及解析

《劳动法》中薪资相关的规定及解析

第十九条规定，"劳动合同中必须约定劳动报酬"。所以，企业与员工就劳动报酬的相关约定必须以书面方式进行，而且，是劳动合同必须具备的条款，或者，即使签有约定协议，也是劳动合同的有效附件。

第二十八条规定，依据（1）"经劳动合同当事人协商一致，劳动合同可以解除"；（2）"劳动者患病或者非因工负伤，医疗期满后，不能从事原工作也不能从事由用人单位另行安排的工作的"；（3）"劳动者不能胜任工作，经过培训或者调整工作岗位，仍不能胜任工作的"；（4）"劳动合同订立时所依据的客观情况发生重大变化，致使原劳动合同无法履行，经当事人协商不能就变更劳动合同达成协议的";（5）"用人单位濒临破产进行法定整顿期间或者生产经营状况发生严重困难，确需裁减人员的，应当提前30日向工会或者全体职工说明情况，听取工会或者职工的意见，经向劳动行政部门报告后，可以裁减人员"；这五种情况解除劳动合同的，用人单位须向劳动者支付经济补偿金。

第四十四条规定，"（一）安排劳动者延长工作时间的，支付不低于工资的百分之一百五十的工资报酬；（二）休息日安排劳动者工作又不能安排补休的，支付不低于工资的百分之二百的工资报酬；（三）法定休假日安排劳动者工作的，支付不低于工资的百分之三百的工资报酬"。这一条对于加班工资的计算办法有了明确的规定，是分为平常工作日延长、休息日和法定休假日三种分别计算的。

《劳动法》第五章中分第四十六条至第五十一条共六条专门对"工资"进行了规定。第四十六条规定"按劳分配、同工同酬"；第四十八条规定"工资不得低于当地最低工资标准"；第五十条规定"按月支付工资，不得克扣或者无故拖欠劳动者的工资"；第五十一条规定"劳动者在法定休假日和婚丧假期间用人单位应当依法支付工资"；这几条对工资做了强制性的规定，可以说是工资支付的红线或说底线。

2.《劳动合同法》中薪资相关的规定及解析

《劳动合同法》中薪资相关的规定及解析（1）

第二十条规定，"劳动者在试用期的工资不得低于本单位相同岗位最低档工资或者劳动合同约定工资的百分之八十，并不得低于用人单位所在地的最低工资标准"。这一条是比《劳动法》的规定更详细的，对于试用期工资进行了单独的约定。

第二十二条至二十五条共四条约定了用人单位可以追偿员工的违约金，仅限于"培训费"和"竞业限制"；而且，追偿金额中"培训费违约金不得超过服务期尚未履行部分所应分摊的培训费用"；竞业限制违约金为"劳动者违反竞业限制约定的，应当按照约定向用人单位支付违约金"。

第三十条，规定"用人单位应当按照劳动合同约定和国家规定，向劳动者及时足额支付劳动报酬。用人单位拖欠或者未足额支付劳动报酬的，劳动者可以依法向当地人民法院申请支付令，人民法院应当依法发出支付令"。这一条比《劳动法》中第五十条的规定更加严厉。

第四十六条中，规定了除《劳动法》规定的五种情况外，还有一些情况下用人单位需要向员工支付经济补偿金，这些情况是"用人单位有下列情形之一的，劳动者可以解除劳动合同：（一）未按照劳动合同约定提供劳动保护或者劳动条件的；（二）未及时足额支付劳动报酬的；（三）未依法为劳动者缴纳社会保险费的；（四）用人单位的规章制度违反法律、法规的规定，损害劳动者权益的；（五）因本法第二十六条第一款规定的情形致使劳动合同无效的；（六）法律、行政法规规定劳动者可以解除劳动合同的其他情形"；（七）"除用人单位维持或者提高劳动合同约定条件续订劳动合同，劳动者不同意续订的情形外，劳动合同期满的"；（八）"用人单位被依法宣告破产的；用人单位被吊销营业执照、责令关闭、撤销或者用人单位决定提前解散的"。所以，综合起来，加上《劳动法》规定的五种情况，共有十三种情况用人单位需要给员工支付经济补偿金。

第四十七条规定，"经济补偿按劳动者在本单位工作的年限，每满一年向劳动者支付一个月工资标准的经济补偿。六个月以上不满一年的，按一年计算；不满六个月的，向劳动者支付半个月工资的经济补偿。劳动者月工资高于用人单位所在直辖市、设区的市级人民政府公布的本地区上年度职工月平均工资三倍的，向其支付经济补偿的标准按职工月平均工资三倍的数额支付，向其支付经济补偿的年限最高不超过十二年。本条所称月工资是指劳动者在劳动合同解除或者终止前十二个月的平均工资。"第五十条规定，"用人单位依照本法有关规定应当向劳动者支付经济补偿的，在办结工作交接时支付"。这两条对于用人单位支付给员工的经济补偿金计算标准和时间做了明确的规定。

《劳动合同法》中薪资相关的规定及解析（2）

第五章中对"集体合同""劳务派遣"和"非全日制用工"的工资分别做了较为详细的规定，由于它们均为较为特殊条件下的用工情况，如果HR管理人员有需要的可以参考学习其详细内容。

第八十二条规定，"用人单位自用工之日起超过一个月不满一年未与劳动者订立书面劳动合同的，应当向劳动者每月支付二倍的工资。用人单位违反本法规定不与劳动者订立无固定期限劳动合同的，自应当订立无固定期限劳动合同之日起向劳动者每月支付二倍的工资"。这条规定对于未签订劳动合同的情况下的工资处罚做了明确界定。

第八十五条规定，"用人单位有下列情形之一的，由劳动行政部门责令限期支付劳动报酬、加班费或者经济补偿；劳动报酬低于当地最低工资标准的，应当支付其差额部分；逾期不支付的，责令用人单位按应付金额百分之五十以上百分之一百以下的标准向劳动者加付赔偿金：（一）未按照劳动合同的约定或者国家规定及时足额支付劳动者劳动报酬的；（二）低于当地最低工资标准支付劳动者工资的；（三）安排加班不支付加班费的；（四）解除或者终止劳动合同，未依照本法规定向劳动者支付经济补偿的"。这条规定明确了如果不按照规定支付相应的工资或补偿金的，还需要额外支付加倍赔偿金。

3.《最低工资规定》中薪资相关的规定及解析

《最低工资规定》中薪资相关的规定及解析

第五条规定，"最低工资标准一般采取月最低工资标准和小时最低工资标准的形式。月最低工资标准适用于全日制就业劳动者，小时最低工资标准适用于非全日制就业劳动者"。

第七条规定，"省、自治区、直辖市范围内的不同行政区域可以有不同的最低工资标准"。

第十二条规定，"在劳动者提供正常劳动的情况下，用人单位应支付给劳动者的工资在剔除下列各项以后，不得低于当地最低工资标准：（一）延长工作时间工资；（二）中班、夜班、高温、低温、井下、有毒有害等特殊工作环境、条件下的津贴；（三）法律、法规和国家规定的劳动者福利待遇等"。

通过以上三条，对于最低工资标准的形式、金额、包含内容作了详细规定。

综合起来看，国家从《劳动法》《劳动合同法》，到《最低工资规定》，对工资管理进行了翔实细致的规定，涵盖了工资管理中的制度、种类、标准、计算办法、发放办法、补偿办法、惩罚办法等方方面面；从中也可以看出，劳动类相关法律中对于工资管理的重视程度。

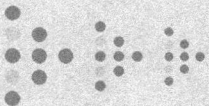

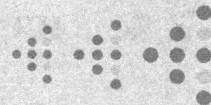

第**7**章

福利管理

如何理解福利管理主要内容?

理解社保公积金的管理要求?

员工的补充福利主要有哪些?

如何贯彻落实员工补充福利?

7.1 HR 应知应会

福利管理工作模块是人力资源管理中与薪资管理密切结合的工作模块，也是 HR 从业人员应掌握和熟练应用的工作模块（具体见表 7-1 "福利管理"要点、技能、流程、图表）。福利管理工作模块共包括 3 项工作要点，具体细分为 3 项关键技能，需要掌握 1 个关键图表。

表 7-1   "福利管理"要点、技能、流程、图表

序号	3 项工作要点	3 项关键技能	0 个关键流程	1 个关键图表
1	理解员工福利	理解员工福利内容		
2	管理社保公积金	掌握缴费基数限额 掌握具体缴费比例		
3	管理补充福利	掌握员工补充福利		常见员工补充福利表

7.2 实战案例分析

📋 **实景重现**

人力资源经理小宋所在的公司有 300 多人，是一家互联网公司。员工普遍比较年轻，由于公司处于一线城市，生活压力比较大，员工希望少交社保，

多些现金收入，公司就按照最低基数给员工上社会保险和住房公积金。不久前，国家发布政策，社会保险费即将由税务机构征收，这意味着缴费基数将按照国家相关规定执行。小宋经过测算发现，如果按照国家规定基数缴纳社会保险和住房公积金，公司每年的人工成本将增加近30%。小宋将测算结果向总经理汇报后，总经理要求小宋提出调整方案，人工成本可以小幅增加，但不能增加到30%，小宋感到压力非常大。

案例分析

很多中小企业，正如案例中的企业一样，社会保险和住房公积金一直按照最低基数缴纳，这样做最大的风险包括：（1）社保审计：可能会受到人力资源和社会保障部门的审计，需要补缴过去的社保差额；（2）员工投诉：可能会遭到员工投诉，要求补缴该员工在公司期间的社保差额；（3）社保罚款：可能会根据社保法受到未足额缴纳的罚款；（4）成本增加：社保入税可能会在金税三期平台上提出警示，发现不合理项，要求企业自查，或者在基数申报时，按照员工实际纳税收入核定基数（社平三倍封顶），企业增加人工成本。

在社保入税的国家政策下，企业应该如何应对？

主要有以下几方面：

1. 规范基础管理，保证社保合规。

企业需要梳理基础的人力资源管理规范，从入职管理、劳动合同管理、人事信息管理、离职管理，到薪资管理、绩效管理、福利管理，全面建立人力资源基础管理体系，保证人力资源管理合法合规；同时，社会保险、住房公积金合规，也是国家规范管理的整体趋势，企业必须要适应这种趋势，否则，会面临较大的法律风险，甚至可能危及企业是否还能正常经营。

2. 采用新雇佣战略，打造灵活用工模式。

在企业规范人力资源管理的基础上，应采用新型雇佣战略，不仅将雇员只集中在全职雇员范围内，还应采用多种灵活的用工模式，如实习人员、退休返聘人员、兼职人员、非全日制人员、劳务人员、派遣人员等，将灵活用工人员的比例不断加大，既能够保证合规合法，又能平抑企业的人工成本增长。

3. 调整薪酬结构，福利多元化。

同时，企业还要研究适合的薪酬结构，对于全职雇员采取部分浮动的薪酬结构，保证人工成本的弹性；在福利方面，采用多元化福利策略，对于现金性福利进行有效控制，避免引起个税和社保的双重成本。

7.3 理解员工福利

员工福利是薪酬的重要组成部分，体现了企业为员工日常生活提供支撑，以及提供更多人性化的关怀。员工福利既具有保健作用，又具有激励作用。员工福利一般分为法定福利和补充福利两大部分。法定福利主要是社会保险和住房公积金，补充福利各企业根据企业经营情况个性化提供。

福利管理的主要工作内容见图 7-1。

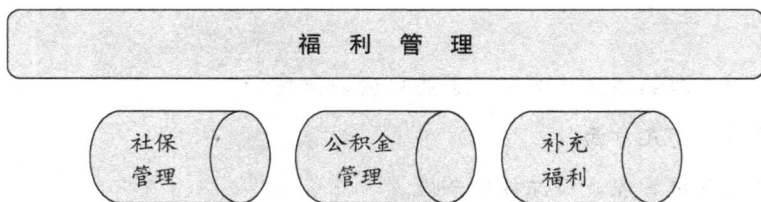

图 7-1　福利管理主要工作内容

7.4 社保和公积金

社会保险是国家规定企业必须为职工缴纳的法定福利，住房公积金虽然对于实行人员有一定的限制，但也逐步纳入法定福利的范畴中。社会保险和住房公积金的开户销户、日常缴纳、享受提取等工作均在逐步网络化，具体的办理流程可以直接参照当地人力资源与社会保障局、住房公积金管理中心相关网站查询。

社会保险、住房公积金的缴费基数上下限相关规定各地区略有不同，以北京为例。参加社会保险缴费基数上限按照北京市上一年职工月平均工资的300%确定；参加养老保险和失业保险的职工缴费基数下限按照北京市上一年职工月平均工资的40%确定；参加医疗保险、工伤保险和生育保险的职工缴费基数下限按照北京市上一年度职工月平均工资的60%确定。

北京市个人委托存档的灵活就业人员只需要缴纳养老保险、失业保险和医疗保险。养老保险、失业保险的缴纳基数个人可选择三个档次作为缴费基数，分别为北京市上一年度职工月平均工资的100%、60%和40%。医疗保险缴费基数为北京市上一年度月平均工资的70%。

关于"上一年度职工月平均工资"

H
uman Resources
经验分享

"上一年度职工月平均工资"，又称"社会平均工资"，每年由当地政府——人力资源与社会保障局于年初（一般为3-4月）公布上一年度的数据。各地区受经济发展等各种因素的影响，"社会平均工资"金额差距较大。缴纳社会保险时，"社会平均工资"值以缴纳地的政府机构公布值为准。

北京市住房公积金缴费基数上限按照北京市上一年度职工月平均工资的300%确定，下限没有规定，即为职工工资额，如职工工资额扣除职工住房公积金月缴存额后低于北京市公布的当年最低工资标准的，职工住房公积金月缴存额可以降低，以达到最低工资标准为限。住房公积金单位月缴存额不变。

社会保险、住房公积金在缴费基数确定后，还分单位和个人有不同的缴费比例，具体的缴费比例分全国要求和地方政策两种，还需要根据企业开户所在地的具体要求执行；而且，社会保险的险种、缴费比例和住房公积金缴费比例也会随着国家政策和地区政策而不断更新调整。

经验分享
Human Resources

注意住房公积金的缴费比例

对于住房公积金的确定缴费比例，需要及时查询当地住房公积金管理中心网站上的相关通知。以北京为例，2020 年 4 月 30 日前，企业可以根据自身情况选择 5%–12% 的范围内自主确定住房公积金缴费比例。对于经营困难的企业，经职工代表大会、工会或全体职工 2/3 以上同意，可以在 1%–4% 的范围内申请降低住房公积金缴存比例或申请缓缴，待企业经营情况好转后，再补缴。

7.5 员工补充福利

员工补充福利是指在国家法定的基本福利之外，由企业自行确定的福利项目。员工补充福利项目的多少和标准的高低在很大程度上要受到企业经济效益和支付能力的影响以及企业出于自身某种目的考虑。以下是目前主要一些常见员工补充福利（见表 7-2）。

表 7-2　　　　　　　　　　常见员工补充福利表

序号	类别	企业补充福利	备注
1	补充保险	补充医疗保险	
2		综合意外伤害保险	
3		年金计划	
4		家庭保险	
5	住房计划	补充住房公积金	
6		购房无息贷款或贷款贴息	包括购房借款
7		住房补贴	
8		宿舍	

续表

序号	类别	企业补充福利	备注
9	交通计划	交通补贴	
10		私车公用补贴	
11		购车补贴	
12		公车	
13		班车	
14	餐饮计划	餐费补贴	
15		免费食品	
16		内部食堂	
17		协议餐厅	
18	员工休息休假	带薪休假	
19		节日慰问金或礼品	
20		疗养	
21		弹性工作时间	
22		在家办公	
23	员工个人成长	员工内部培训	包括企业内部大学
24		员工送外培训	
25		学费资助	
26		定期轮岗	
27	员工身心关怀	员工体检	
28		员工活动	
29		带薪旅游	
30		员工心理辅导	
31	其他	手机通信费补贴	
32		年资补贴	
33		生日慰问	
34		儿童托管中心	

对于常见的员工补充福利，我们详细说明如下：

• 补充医疗保险

一般地，补充医疗保险可以分为企业自办或参加商业保险。对于有条件的企业，可以根据企业员工医疗的实际需求自行办理补充医疗保险，如规定不同类型医疗费用（社保外）的报销比例、也可以按人规定每年的固定报销医疗费用，或者，直接以现金的形式发放医疗费用补贴。

• 综合意外伤害保险

综合意外伤害保险是指包括工作、上下班、运动、旅游、交通、天气等各种情况下发生的意外伤害所进行的意外身故、意外普通医疗、意外住院医疗等综合性的保险。

• 企业年金计划

企业年金计划即企业的补充养老金计划，又称"企业退休金计划"或"职业养老金计划"。在企业有条件的情况下，为增加在企业服务多年后退休的老员工的保障，企业会单独设立补充养老金计划，或称年金计划。这一计划可以使企业老员工在工作到一定的年限退休之后，按月从企业得到养老金。

• 补充住房公积金

补充住房公积金指在法定住房公积金之外，由企业单独出资或企业和个人分别出资的方式缴纳的补充住房公积金。

• 购房贷款或购房贴息

部分企业为了支持员工购房，可以提供一定金额的企业内部购房贷款。

• 住房补贴

企业可以根据员工的实际情况，直接以现金的形式按照员工的职位级别、服务年限、服务表现等给予住房补贴。

• 宿舍

为了解决员工住宿及上下班的距离较远问题，有些企业盖房或共同租用一些住房，以较低的价格提供给员工住宿，即为宿舍。

• 交通补贴

交通补贴可以是企业按照员工的工作性质、级别等发放的固定数额的现金补贴，也可以是员工工作或上下班时实际发生的票据进行一定金额的报销。

如果发放现金补贴，需要列入员工工资，税前计发。

• 私车公用补贴

员工如果个人已经购买了私车，企业可以根据员工实际工作需要和职位级别给予一定额度的私车公用补贴，或简称车补。与交通补贴一样，车补发放形式可以现金补贴，也可以是发票报销。原则上，发放车补的人员就不再享受交通补贴。

• 购车补贴

对于员工个人希望购车的，企业可以根据员工的职位级别及服务年限等给予一定额度的购车补贴。

• 公车

公车是企业将企业购置的车辆配发给员工使用，同时承担车辆的相关费用。这一项补充福利一般会针对企业高级管理人员和一些特殊职位的员工。对于部分级别较高的管理层员工，企业还会同时配备公车的专职司机。

• 班车

企业为了解决员工上下班的问题，统一配置车辆用于接送员工上下班，即为班车。班车根据员工的实际需求情况，可以是免费的，也可以象征性地收取一些费用。班车根据公司所在地及城市交通情况，分为几条线；也可以是公司至最近地铁、公交站的摆渡班车。

• 餐费补贴

餐费补贴是一种常见的补充福利，几乎所有的企业都采用这一模式。只是根据企业所处地域的情况，金额略有不同。餐费补贴主要是针对工作的午餐，也包括加班时的加班正餐。餐费补贴一般按照员工的实际出勤日计发，请假期间不计发。餐费补贴一般只包括午餐和晚餐两顿正餐，不包括早餐。

• 免费食品

有些企业在条件具备的情况下，会给员工提供免费食品，一方面，营造人性化关怀的氛围，另一方面，也鼓励员工注意劳逸结合。还有的企业会为此开辟交流专区或用餐专区，方便员工自带午餐或工间休息。

• 内部食堂

为了方便员工用餐，企业在条件具备的情况下，会自建食堂，由于原料统一采购并自行管理，餐品的质量非常有保证，而且价格便宜。一般有内部食堂的企业，会为员工提供标准的工作餐；并且，可以接待外部客户。

• 协议餐厅

有些企业没有内部食堂，员工必须在附近就近用餐，出于员工关怀的考虑，企业可以考察周边餐厅，并与之签订协议，凡企业员工出具工卡等证明的，在协议餐厅用餐可以记账或者打折。

• 带薪休假

除了国家法定的节假日、年休假之外，企业还会给员工额外增加一些带薪休假。这些带薪休假可以增加进入法定节假日，也可以由员工自行选择休假时间。

• 节日慰问金或礼品

根据各企业的预算情况，可以给员工在节日时发放一些慰问金或礼品作为人性化管理的一种方式。也可以针对员工的工作性质发放，如在项目现场工作人员慰问金或偏远地区工作人员慰问金等。

• 疗养

针对一些特殊工种工作人员、一定级别的管理人员或者生病员工，有条件的企业可以出资让员工疗养，暂时离开工作岗位，由企业与部分疗养机构签订协议，或者员工自行选择疗养机构。

• 弹性工作时间和在家办公

有些企业为了更加人性化管理，避免上下班高峰拥堵，采取了具有一定弹性的工作时间，如工作时间仍为 8 小时 / 天，但上班时间可以为早八点至晚十点，根据上班时间后延 8 小时即为下班时间，早来早走，晚来晚走。另外，也可以实行不定时工作时间或在家办公。

• 员工内部培训与送外培训

许多企业为员工设计了与员工职业开发相对应的培训计划，并采取多种手段激励员工进行知识和技能的更新。许多知名企业创建了企业大学，用于专业培训企业内部员工。内部培训也采取集中授课、导师辅导、在线学习等多种形式。另外，会定期送员工参加外部组织的相关培训。

- 学费资助

为了保证学习效果及学习的个性化，有些企业会给员工提供学费资助。有些企业会给员工提供技术等级证书学费资助，只要技术人员考取相应的技术等级证书，企业会给予一定的学费资助和奖励。

- 定期轮岗

定期轮岗是企业为提高员工技能的多样性而进行的一种培养方式。目前，已经成为企业内普遍实行的一种人才培养模式，只是需要根据企业的实际情况、人员规模进行相应的具体设计。

- 员工体检

员工体检是多数企业会为员工提供的一项福利。一般以年度为单位，组织员工进行身体检查。目前企业的员工体检项目可以选择正常的医院，也可以选择商业性的体检机构。

- 员工活动

员工活动一般包括于企业的团队建设活动中。可以是定期组织的集体性员工活动，如春游、秋游；也可以是专项活动，如员工拓展、管理层拓展等。一般企业会就此设置专项费用，可以以人员数量为单位设置，也可以以项目为单位设置。

- 带薪旅游

带薪旅游为一种奖励性的补充福利。多用于对优秀员工的奖励，如年度优秀员工出国旅游等项目。

- 员工心理辅导

随着管理意识的增强，员工的心理健康逐步受到社会和企业的关注。因此，有些企业会单独为员工提供心理辅导服务，对于员工的心理问题及时发现，及时疏导。另外，由于现代社会普遍压力比较大，会造成员工的心理问题也在不断增多，所以，心理辅导逐步成为许多企业，尤其是一些大型企业必备的补充福利项目。

- 手机通信费用补贴

手机通信费用补贴是指员工个人的手机因工作需要用于公务时由公司发

放的补贴。手机通信费用补贴的享受对象必须是确实因公务需要，而且需要提前申请。补贴额度一般会根据员工的工作性质有所区别。

- 年资补贴

年资补助是指企业对于长期为公司服务的员工提供的一种补充福利。一般地，会对享受条件有一些规定，如要求员工每年 1 月 1 日至 12 月 31 日在职，且年度内病假小于 10 天，事假小于 5 天，无重大违规违纪等。年资补助的金额可以根据企业的实际情况确定。年资补助一般于每年度内合并入奖金或工资中发放，费用单独列入预算。

每个企业所属的行业不同、区域不同，会导致企业的工作性质与员工需求完全不同。企业补充福利主要的着眼点是员工满意度的提高与企业凝聚力的增强，所以，在企业补充福利的选择上，一定要切实针对企业的工作性质和员工的实际需求，否则，就会出现偏差，导致企业资源的巨大浪费。

7.6 福利法规解读

1.《劳动法》《劳动合同法》中社会保险相关的法律法规

《劳动法》第九章中分第七十条至第七十六条共七条专门对"社会保险和福利"进行了规定。其中在第七十二条中规定："用人单位和劳动者必须依法参加社会保险，缴纳社会保险费"，强调了社会保险的强制性。第七十三条中规定"劳动者在下列情形下，依法享受社会保险待遇：（一）退休；（二）患病、负伤；（三）因工伤残或者患职业病；（四）失业；（五）生育"。明确了养老、医疗、工伤、失业、生育五项社会保险的基本险种。

《劳动合同法》中对于社会保险涉及较少，只是在第三十八条中规定用人单位有"未依法为劳动者缴纳社会保险费的"情形的，劳动者可以解除劳动合同。

2.《社会保险法》中社会保险的相关法律法规

> 国家制定了单独的《社会保险法》，现行的《中华人民共和国社会保险法》是由中华人民共和国第十一届全国人民代表大会常务委员会第十七次会议于 2010 年 10 月 28 日通过，自 2011 年 7 月 1 日起施行的。《社会保险法》共分十二章，分别对基本养老保险、基本医疗保险、工伤保险、失业保险、生育保险、社会保险费征缴、社会保险基金、社会保险经办、社会保险监督、法律责任等作了详细的规定；也是负责社会保险业务经办的薪酬专员必须掌握的基本法律法规之一。

这里我们简单把《社会保险法》的主要内容做一整理，具体如下：

- 基本养老保险、基本医疗保险、工伤保险、失业保险、生育保险这五项是构成社会保险制度的主要险种。
- "基本养老保险"一项规定，用人单位和个人应按比例缴纳基本养老保险费，分别计入社会保险统筹基金和个人账户。当基本养老保险的个人，达到法定退休年龄时累计缴费满十五年的，按月领取基本养老金。基本养老金由统筹养老金和个人账户养老金组成。国家建立基本养老金正常调整机制，根据职工平均工资增长、物价上涨情况，适时提高基本养老保险待遇水平。
- "基本医疗保险"一项规定，用人单位和职工按照国家规定比例共同缴纳基本医疗保险费。参加职工基本医疗保险的个人，达到法定退休年龄时累计缴费达到国家规定年限的，退休后不再缴纳基本医疗保险费，按照国家规定享受基本医疗保险待遇。符合基本医疗保险药品目录、诊疗项目、医疗服务设施标准以及急诊、抢救的医疗费用，按照国家规定从基本医疗保险基金中支付。
- "工伤保险"一项规定，用人单位缴纳工伤保险费，职工不缴纳工伤保险费。国家根据不同行业的工伤风险程度确定行业的差别费率，并根据使用工伤保险基金、工伤发生率等情况在每个行业内确定费率档次。职工因工作原因受到事故伤害或者患职业病，且经工伤认定的，享受工伤保险待遇；其中，经劳动能力鉴定丧失劳动能力的，享受伤残待遇。

- "失业保险"一项规定，用人单位和职工按照国家规定共同缴纳失业保险费。非因本人意愿中断就业的，可以领取失业保险金。领取失业保险金的期限最长不超过二十四个月。失业保险金的标准，由省、自治区、直辖市人民政府确定，不得低于城市居民最低生活保障标准。
- "生育保险"一项规定，用人单位按照国家规定缴纳生育保险费，职工不缴纳生育保险费。生育保险待遇包括生育医疗费用和生育津贴。生育津贴按照职工所在用人单位上年度职工月平均工资计发。
- 另外，该《社会保险法》中还对于社会保险费用征缴的强制性、社会保险基金的管理、社会保险的监督检查和法律责任作了明确规定。

3. 公积金相关法律法规

> 关于住房公积金相关的法律法规，主要是国家的《住房公积金管理条例》，目前实行的《住房公积金管理条例》依据是中华人民共和国国务院令第 350 号颁布的《国务院关于修改〈住房公积金管理条例〉的决定》，自 2002 年 3 月 24 日起施行。

《住房公积金管理条例》的主要内容为：

- 住房公积金管理的决策机构为地区住房公积金管理委员会，具体管理机构为住房公积金管理中心，该机构是直属城市人民政府的不以营利为目的的独立的事业单位。
- 用人单位和个人按比例缴纳住房公积金，属于职工个人所有。具体缴存比例由住房公积金管理委员会拟订，经本级人民政府审核后，报省、自治区、直辖市人民政府批准。
- 职工有购买 / 建造 / 翻建 / 大修自住住房的、离休 / 退休的、完全丧失劳动能力并与单位终止劳动关系的、出境定居的、偿还购房贷款本息的、房租超出家庭工资收入的规定比例等情形的，可以提取职工住房公积金账户内的存储余额。

除了国家统一的《住房公积金管理条例》之外，各地区会根据实际情况制定相应的实施细则，对于住房公积金缴存比例、基数、住房公积金贷款等做出更详细的规定。

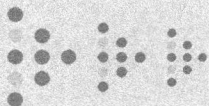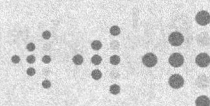

第 **8** 章

绩效管理

绩效管理的整体流程是什么?

绩效考核有哪些常用的方法?

如何落实试用员工转正考核?

如何设计不同岗位薪酬考核?

如何具体执行岗位绩效考核?

8.1 HR 应知应会

绩效管理工作模块是人力资源管理的核心模块之一，是与薪资管理、福利管理紧密联系的工作模块，HR 从业人员需要综合学习多个模块，方能熟练掌握和应用绩效工作模块（具体见表 8-1 "绩效管理"要点、技能、流程、图表）。绩效管理工作模块共包括 4 项工作要点，具体细分为 15 项关键技能，需要掌握 3 个关键流程和 18 个关键图表。

表 8-1   "绩效管理"要点、技能、流程、图表

序号	4 项工作要点	15 项关键技能	3 个关键流程	18 个关键图表
1	理解绩效管理	明确绩效管理流程 明确绩效计划制订 明确绩效过程管理 明确绩效考核实施 明确绩效沟通反馈 明确绩效结果应用	绩效管理流程 绩效考核实施流程	员工工作记录表 工作周报表 月度述职报告 销售数据周报表 绩效考核面谈表 绩效改进计划书 绩效考核结果运用
2	掌握考核方法	明确绩效考核原则 掌握绩效考核方法		不同考核方法综合比较表
3	进行试用考核	定期跟踪试用员工 明确员工转正审批	试用期员工转正考核流程	试用期员工跟踪表 员工转正申请审批表

序号	4项 工作要点	15项关键技能	3个关键流程	18个关键图表
4	掌握 岗位考核	岗位薪酬绩效制度 管理人员薪酬绩效 销售人员薪酬绩效 技术人员薪酬绩效 职能人员薪酬绩效		企业中常见的五种岗位 各岗位通行的薪酬绩效制度 年度经营任务书 销售人员提成的考核标准表 技术人员岗位技能工资发放 比例表 技术人员项目考核表 技术人员项目奖金核定表 职能人员考核评估表

8.2 实战案例分析

实景重现

李某是P公司的销售经理，在P公司负责公司产品的销售工作。李某业绩一直比较好，是公司的优秀员工。公司新研发了一款产品，公司要李某负责新产品的销售工作。由于是全新的产品，所面对的客户与原有客户完全不同，李某负责该产品销售半年来，业绩并不理想。根据公司的考核制度，销售人员的提成是按照产品销售量计算的，李某的薪资由于业绩的原因比原来低了很多。李某在绩效考核时提出，公司的考核不公平，新产品由于要开拓市场，工作难度比原来老产品的销售要大得多，但公司仍以产品销售量作为对销售唯一的考核指标，销售人员付出的努力多了，而得到的薪酬却少了，这样就没有人愿意做新产品销售工作了。李某及部门的一些同事因此相继离开了P公司，P公司的新产品销售也陷于瘫痪中。

📋 **案例分析**

在以上这个案例中，我们可以看出绩效考核体系是一个指挥棒，是对员工行为的一种引导。这个案例中，没有详细区分老产品销售和新产品销售的绩效考核指标，导致员工付出的努力与获得的收益不匹配，这种不匹配会造成一种不公平，也会最终影响企业部分目标的实现（如新产品销售工作）。这启示我们，绩效考核体系是人力资源管理中的一个核心体系，绩效考核体系设计的科学性在某种程度上决定着企业目标是否能够实现、是否能够调动员工的积极性，进而最终实现员工与企业发展的双赢。

8.3 理解绩效管理

8.3.1 绩效管理的流程

绩效管理是指组织和个人为了达到绩效目标共同参与绩效计划制订、绩效指标分解、绩效管理落实、绩效考核评价、绩效辅导沟通、绩效结果应用等促进绩效目标提升的持续循环过程。绩效管理的目的是持续提升个人和组织的绩效。整体上看，绩效管理工作的流程如图所示（见图 8-1）。

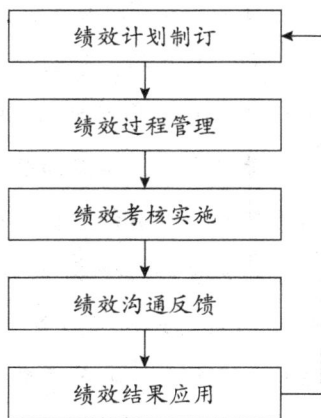

图 8-1　绩效管理流程

8.3.2　绩效计划制订

绩效计划的制订是绩效管理体系的基础，同时，绩效计划也决定着绩效管理整体体系的方向与完备性。绩效计划制订工作包括绩效管理的周期、绩效管理的范围、绩效目标的确定、详细绩效指标的规范、绩效指标衡量标准、各绩效指标的权重、绩效指标的分解、绩效结果的应用方式、绩效计划的公示与布达等。

绩效计划的主要内容梳理如下：

• 明确绩效考核原则

虽然绩效考核原则有些务虚，但往往这是企业核心价值观的体现。有些企业强调结果为导向，有些则以全面为导向，可以说，绩效考核原则是整体绩效管理的指挥棒，影响着绩效管理的整体定位。

• 明确绩效考核周期

绩效考核周期可以根据不同的岗位区分，也可以根据不同的职位级别区分。可以按职位层次划分，分为高、中、基三层分别设置一年、半年、季度的考核周期。

• 明确绩效考核范围

绩效考核的范围决定了哪些职位或人员参与考核，在有些企业也许一个绩效考核计划无法覆盖所有的人员，可以再细分不同的岗位类别制订不同的绩效考核计划。

• 明确绩效考核指标

绩效考核指标是绩效计划中的关键点，绩效指标会因不同岗位、不同周期而不同，往往在绩效计划后，还有和每个管理者、员工签订不同的《绩效考核任务书》等。

• 明确绩效考核评分

绩效考核评分与以上绩效考核指标的性质类同，在绩效计划中仅要明确通用的绩效考核评分标准即可，绩效考核评分的进一步细化及详细权重的调整可以在每个管理者、员工的《绩效考核任务书》中再详细调整与约定。

- 明确绩效考核结果应用

绩效考核结果应用是将所有考核周期、考核范围内的绩效考核结果应用进行公布，具体到不同岗位、不同人员和不同的绩效考核结果会有不同的应用，但原则上应在绩效计划的框架内。

- 明确绩效考核沟通

绩效考核沟通正在为越来越多的企业管理者所重视，因为，本质上绩效考核不是为了仅仅核发绩效工资和奖金，更主要的是为了企业下一阶段目标的达成而做铺垫，激励员工与企业共同发展、达到双赢的效果。如果仅仅是考核者单向的执行和落实绩效考核，这个双赢的目标就无法达到。

可以说，明确了以上七个方面，就已经是一个基本完善的绩效计划了。绩效计划制订和最终公布的过程其实也是一个自上而下和自下而上反复的沟通过程。最终验证绩效计划有效性的标准是企业目标与部门、员工目标一致，考核指标与权重由不同责任主体承担，绩效标准定义清晰并得到相关人员的承诺认可。

8.3.3　绩效过程管理

绩效过程管理是在绩效计划制订和绩效指标分解后，进入到具体执行过程中，要不断收集、反馈与绩效相关的数据，并随时检查绩效行动计划的执行情况。在执行过程中，保留员工工作记录（见表 8-2）、工作周报表（见表 8-3）、月度述职报告（见表 8-4），追踪工作进展的情况；同时，要保留相关工作数据，如销售数据周报表（见表 8-5）。

表 8-2　　　　　　　　　　　　　员工工作记录表

序号	记录工作事件	记录时间	记录人	备注

表 8-3　　　　　　　　　　　　　　　　**工作周报表**

部门：_____	员工：_____		时间：___年___月___日至___月___日								
序号	工作内容	时间	周一	周二	周三	周四	周五	周六	周日	工作完成情况	实施人
		计划									
		实际									
		计划									
		实际									
		计划									
		实际									
		计划									
		实际									
		计划									
		实际									

表 8-4　　　　　　　　　　　　　　　　**月度述职报告**

月度述职报告（模版）

姓名：_____　　　　　　　　　职位：_____

述职周期：_____年___月___日至_____年___月___日

目标回顾：

完成的主要任务和目标达成情况：

工作中的主要困难及资源需求：

对工作的积极建议：

　　　　　　　　　　　　　　　　　　　述职人：_____

　　　　　　　　　　　　　　　　　　　日期：_____

表 8-5 销售数据周报表

类别	本周	上周	变化率	月累计
合同额				
收入额				
到期应收额				
回款额				
销售费用				

8.3.4 绩效考核实施

绩效考核的落实实施，是绩效管理中非常重要的一个环节。绩效考核的实施一般包括以下几个重要的方面（见图 8-2）：

1. 绩效数据收集；

2. 绩效考核评分；

3. 考核数据整理；

4. 数据汇总审批。

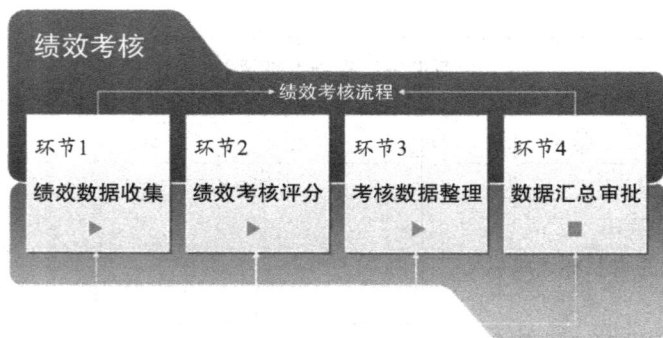

图 8-2　绩效考核实施流程

第一个环节：绩效数据收集

一般地，在考核期结束后，由 HR 部门或专门的绩效管理部门发起收集考核指标相关的数据。考核数据收集的依据是绩效管理制度、绩效计划及绩效考核任务书相关的内容。考核数据会涉及多个部门、多个层面。绩效考核数据收集的方式可以是表格、邮件等，一般规范性强的公司会要求对于绩效考核数据进行书面签字确认。

第二个环节：绩效考核评分

绩效考核评分不仅包括被考核者的自评、也包括直属上级、上上级及相关人员的评分。评分人员和评分标准均由绩效管理制度、绩效计划及绩效考核任务书中相关内容约定。绩效考核评分者依据考核实际数据与标准之间的比较而进行评价。在这个环节中，往往会出现评价的主观性问题。

第三个环节：考核数据整理

绩效考核评分后要对绩效考核的数据进行整理，往往这个环节的工作也是由 HR 部门或专门的绩效管理部门执行。绩效考核数据的整理不仅是第三方进行的数据核对，还有对考核评分结果的系统整理，以形成部门内、部门间、公司等层面的横向、纵向数据对比。

第四个环节：数据汇总审批

最后一个环节是考核结果汇总及审批，在这个环节，往往考核结果已经进行了核对与沟通，形成了初步的结果。在将考核结果进行汇总和审批的过程中，其实，也是对考核结果的微调。尤其是执行强制分布或末位淘汰等考核机制时，就需要根据考核结果将比例放入。

综合起来看，绩效考核的落实实施是与之前的绩效计划制订和绩效过程管理密切相关的，是之前工作的延续；而且，这个环节也是一个细致和反复沟通的过程，是整体绩效管理中最为关键的一环。这个环节的客观、公正会直接影响到后续的绩效面谈沟通与绩效结果应用。

8.3.5 绩效沟通反馈

绩效考核面谈主要是员工的上级与员工就考核情况进行沟通，主要沟通的内容包括：

1. 回顾工作目标；

2. 分析上一阶段主要的工作成果及存在的问题；

3. 了解员工对于考核结果的意见；

4. 告知考核结果运用方式；

5. 沟通员工个人发展计划；

6. 明确下一阶段的工作目标；

7. 其他。

绩效考核面谈一般会有标准的绩效考核面谈表（见表 8-6）。

表 8-6 　　　　　　　　　　　**绩效考核面谈表**

员工姓名		部门		职位		属性	
面谈人				考核周期			
面谈问题	**面谈记录**						
本考核周期的目标回顾							
本考核周期内取得的成果							
本考核周期内存在的问题							
考核结果及运用							
员工对于考核结果的意见与建议							
员工下一阶段的发展计划							
下一考核周期的目标							
其他							
绩效面谈分析 / 意见与建议							
面谈人签字：	日期：						

通过绩效考核及绩效面谈，除了当期运用绩效考核的结果之外，更主要是可以推进下一期工作目标的提升与更好的达成，一般来说，会有针对性地制定绩效改进计划书（见表 8-7）。

表 8-7 绩效改进计划书

一、基本信息：

姓　名：　　　　　　部　门：　　　　　　职　位：

入职时间：　　　　考核周期：　　　　直属上级：

二、考核期业绩综述：

1. 任务目标：

2. 实际业绩：

3. 如业绩未达标，说明未达标的原因：

三、下一阶段绩效改进计划：

1. 任务目标：

2. 绩效改进计划：

● 提升业绩的具体方法：

● 请提出需公司、部门提供的资源支持：

四、个人业绩承诺：

本人签名：_____　　日期：_____

8.3.6　绩效结果应用

在实施绩效考核后，绩效考核结果的运用也是绩效管理的一个关键环节，最终只有运用了考核结果，才能保证考核的激励性与公正性，绩效考核结果一般运用于薪酬、培训、岗位调整、名誉、劳动关系五个方面（见表 8-8）。

表 8-8　　　　　　　　　　　　绩效考核结果运用

应用方面	具体应用方法	备注
员工薪酬	绩效工资的核发 奖金的核发 福利增减	可以根据不同岗位设置
员工培训	技能培训 知识培训 意识培训	
岗位调整	岗位升级 岗位降级 岗位轮换 岗位调动	
员工奖惩	正面荣誉 负面批评	可以分不同范围
劳动关系	解除劳动合同 劳动合同续签 劳动合同终止	
员工股权	股权的增加 股权的减少	

绩效考核结果运用技巧

经验分享　绩效考核结束后，结果运用是考验绩效考核作为激励手段是否能够达到企业目标的重要环节。绩效考核结果运用的方式很多，既可以单一使用，也可以组合使用。另外，也要结合企业的现阶段目标采取有导向性的运用方式。例如，企业处于快速发展期时，绩效考核结果多采取"绩效、奖金"+"培训"的模式，利于鼓励员工通过更好的绩效获得利益和个人能力的双重提升。

8.4 | **绩效考核方法**

8.4.1 绩效考核的原则

绩效考核是绩效管理体系的核心环节，是人力资源管理中的核心工作，同时，也是企业整体管理中非常重要的一个方面。绩效考核工作从确定标准出发，过程中记录绩效情况，并对于绩效的完成情况进行评价。绩效考核的执行关系着绩效管理体系的效度，影响着对员工如何进行激励，进而会对企业整体的管理、效益产生作用，因此，作为核心管理环节，必须要保证绩效考核的有效性。

一般地，绩效考核需要遵循以下原则：

1. 公开公平公正的原则

绩效考核作为一个评估的过程，最终要和企业内的个人、团队利益挂钩，首先要保证的就是公开、公平和公正。只有坚持这个原则，绩效考核才能真正得到贯彻执行、得到员工的认同，并最终发挥对员工的激励作用。如果不能坚持这一原则，绩效考核不论在标准、数据采集还是在评估上的任何一方面有失偏颇，必然会引起员工的不满，不仅仅会导致绩效考核的失效，更会引起企业整体管理的失效，优秀人才的流失，这会对企业的发展产生负面的影响。

2. 企业发展目标为导向的原则

绩效考核归根结底是企业管理的一个环节、一种手段，不论采取什么先进的理念、引进什么科学的绩效考核方法，都不能脱离企业的实际发展需求。企业在不同的发展阶段会有不同的目标，同时，每个企业受行业、地域、业务、管理者等多种因素影响，企业的目标不尽相同。绩效考核最基本的原则就是围绕企业的发展目标，绩效考核一定要有助于企业目标的实现，才能说是有效的绩效考核。

3. 个性化的原则

中国经过多年经济发展，企业人力资源管理水平已经得到长足发展，绩效考核早已揭去神秘的面纱，不再是大型企业的专利，而成为众多中小企业管理的利器。绩效考核的方法更是日趋普及，KPI、BSC、360 度、OKR 等已经成为管理中比较常见的名词，但是，不论有多少成型的绩效考核方法，作为企业的管理者和人力资源管理专业人员，绩效考核的个性化仍然是一个基本的原则。我们在前面分析过，其实每个企业都是个性化的，就像人一样，千人千面，不能将一套固化的绩效考核套用在企业上，甚至在企业内的不同部门也要考虑绩效考核的个性化。

4. 不断改进提升的原则

绩效考核作为企业管理中的一个重要环节，不是一成不变的。随着企业的成长、业务的发展、人员的变化，绩效考核为了能够更好地配合企业管理的需要，发挥其作为核心管理工具的作用，就必须要不断改进、随着发展而不断提升。

8.4.2 绩效考核的方法

一般地，企业绩效考核主要的方法有以下几种：

1. 目标管理考核法

目标管理（英文：Management by Objective）是指以目标为导向、以人员为中心、以成果为标准，使组织和个人取得最佳业绩的一种管理方法。目标管理考核法强调在企业员工的积极参与下，自上而下地确定工作目标，并在工作中实行"自我控制"，自下而上地保证目标的实现。

2. 关键绩效指标考核法

KPI，即关键绩效指标（英文：Key Performance Indicator），是通过对企业内部流程的输入端、输出端的关键参数进行设置、取样、计算、分析，衡量流程绩效的一种目标式量化管理考核方法。在目标管理的基础上，结合"二八原理"，KPI 考核法提出将企业的战略目标分解为关键、可操作的主要工作目标，使部门管理者和员工明确部门、岗位的主要职责，并以此为基础，明确关键业绩衡量指标。

3. 平衡记分卡考核法

平衡记分卡（英文：Balanced Score Card）是从财务、客户、内部运营、学习与成长四个角度，将组织的战略落实为可操作的衡量指标和目标值的一种绩效管理方法。平衡记分卡设计的目的就是要建立"以战略为导向"的绩效管理系统，从而保证企业战略得到有效执行。因此，平衡记分卡也被称为加强企业战略执行力的战略管理工具。

4. 360度考核法

360度考核，又称为360度反馈评估（英文：360 Degree Feedback），它是由与被评估人有密切工作关系的人，包括被评估人的上级、同事、下级、外部客户、自身等多维度对被评估人进行评估的综合评估考核系统。这种评估一般是匿名的，通过评估可以全面、客观地搜集被评估人的工作表现，了解被评估人的优势与不足，并且，可以通过多次评估结果的连续跟踪和记录，帮助被评估人进行科学的自我评价，促进被评估人不断成长。

5. OKR考核法

OKR，即目标和关键成果（英文：Objectives and Key Results），是一套定义和跟踪目标及其完成情况的管理工具和方法。OKR考核法于1999年由Intel公司发明，后来推广到Oracle、Google、LinkedIn等IT高科技公司，后广泛应用于IT、风险投资、游戏、创意等以项目为主要经营模式的企业。

我们可以将这五种考核方法综合在一起，对其利弊及适用对象进行总结（见表8-9）。

表8-9　　　　　　　　　不同考核方法综合比较表

考核方法	优点	缺点	适用对象
目标管理考核法	目标层层分解、目标进行沟通、目标SMART标准	目标选取不一定能完全量化、目标选取过程容易失控	适合于大多数企业
KPI考核法	目标选取精准、指标量化细致	量化指标评价需要提供大量数据支持	适合于大多数企业，尤其适用于目标可量化的岗位

续表

考核方法	优点	缺点	适用对象
BSC 考核法（平衡记分卡）	从企业战略目标出发，财务、客户、内部运营、学习与成长四个维度考核、利于平衡长期和短期利益	维度多、指标数量大，实施成本高、部分指标难量化、角度间和指标间权重难分配	适合于企业集团贯彻以企业战略为核心的绩效评估
360 度考核法	从上级、同事、下级、客户、自己多角度全面考核	评估成本高、数据分析量大、定量化难	适合于企业中高管理人员全方位评估
OKR 考核法	平等沟通、指标数量少、易于执行、公开透明	沟通量大、需要文化支撑、指标维度单一	适合于规模较小的企业或者采用项目管理制的企业

除了以上我们分析的五种常见的考核方法以外，还有内部排序法、内部比较法、等级评定法等考核方法。不论哪种考核方法，都有优点，也都有不可回避的局限性。在企业人力资源管理实践中，建设绩效管理体系时，要选择绩效考核方法，要注意仔细研究每种考核方法的优缺点及适用企业和岗位，再结合企业实际情况进行选择。另外，在同一企业内，不同的发展阶段，或者针对不同的岗位，考核方式不是固定不变的，考核方法需要根据企业发展的需要和不同的岗位类型进行组合，才能建立适合于企业的个性化的绩效管理体系。

8.5 试用员工考核

8.5.1 试用期对新员工定期跟踪

新员工培训结束后，员工就正式进入部门开始工作，在试用期内，企业还要继续对新员工进行跟踪。

表 8-10   试用期员工跟踪表

新员工加入时间	跟踪方式	跟踪要点	备　注
第一周	入职面谈、报到、新员工培训	1. 初入公司的感受； 2. 遇到的不适与困难； 3. 部门安排工作是否清晰； 4. 直属上级是否与其沟通。	在沟通中如发现公司存在的问题，应及时与公司内相关部门沟通并促进改进
第一个月	个别面谈	1. 工作进展； 2. 遇到的不适与困难； 3. 取得的收获； 4. 与同事的配合； 5. 对公司的整体感受。	
第二个月	个别面谈	1. 遇到的不适与困难； 2. 取得的收获； 3. 对直属上级和上上级的评价； 4. 对公司的整体感受。	
第三个月	个别面谈	1. 遇到的不适与困难； 2. 取得的收获； 3. 对公司的整体感受。	

不要忽视试用期的跟踪工作

H 经验分享 Human Resources

很多企业往往在员工入职后匆匆进行新员工培训后就把员工交给部门，认为万事大吉了，实际上，新员工在加入企业后三个月内处于一个离职的高峰期，新员工的离职对于员工和企业来说是双输的结果，员工耗费了时间、精力，企业耗费了直接成本、机会成本。试用期内的跟踪工作会大大降低新员工离职率，保证招聘效果，也可以大大降低企业的成本。

8.5.2 试用期进行导师辅导

试用期除要定期与新员工进行交流，及时了解新员工动向外，还要对新员工进行导师辅导，一般有条件的企业都采取"一对一"导师辅导制度，保证新员工"有人帮、有人带"。

8.5.3 试用期员工转正考核流程

新员工试用期满前，需要落实转正考核工作，包括各级转正考察及转正审批，具体流程见图 8-3。

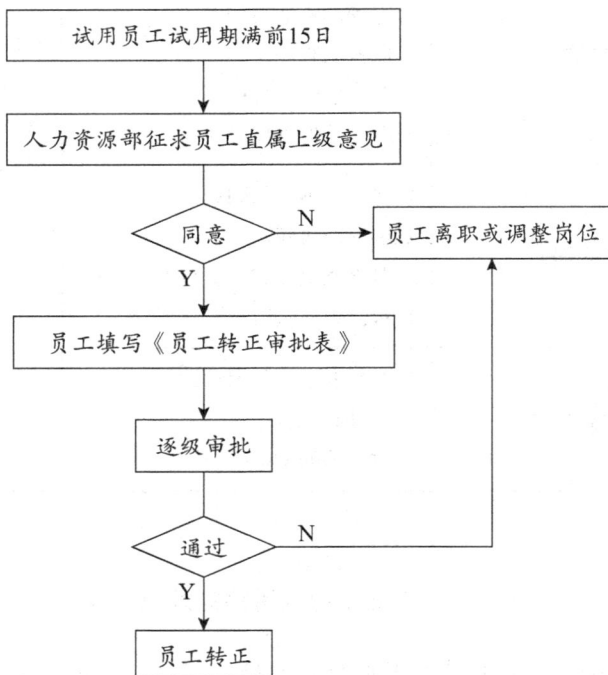

图 8-3 试用期员工转正考核流程

8.5.4 试用期员工转正考察的要点

根据不同岗位类型，对于试用期员工转正考察的要点也不同，一般包括以下内容。

1. 管理人员

（1）试用期内管理任务完成情况；

（2）管理能力（计划、组织、领导、控制）；

（3）对企业的认同、大局观念。

2. 销售人员

（1）试用期内完成的合同订单，立项项目以及进展情况；

（2）对行业/产品的了解和熟识程度、独立谈判能力；

（3）敬业精神、团队合作。

3. 工程技术人员

（1）试用期参加的项目、在项目中的角色以及项目任务的完成情况；

（2）对岗位所需的专业知识、技能的掌握情况和熟练程度，发展潜力；

（3）敬业精神、团队合作。

4. 职能服务人员

（1）日常工作的完成情况（及时性、准确性、灵活性及工作量等，如试用期接受了特殊的任务，考核特殊任务的完成情况）；

（2）对本职所需的专业理论知识的了解和掌握情况；

（3）员工投诉。

5. 生产人员

（1）试用期内生产任务完成情况（产品生产质量、产品生产数量、团队任务情况）；

（2）对本职所需的专业生产技能掌握情况；

（3）工作态度（对工作的认真、敬业、出勤等）。

8.5.5 试用期员工转正审批

落实完毕转正考察后，一般还要履行转正审批流程，由员工个人提出申请，进行个人述职并逐级审批（见表8-11）。

表 8-11　　　　　　　　　　　　员工转正申请审批表

第一部分：员工个人述职报告					
姓名		部门		现任职位		试用合同起止时间	

<table>
<tr><td colspan="6" align="center">个人述职报告

　　　　　　　　　　　　签名：＿＿＿＿＿＿＿　　　　日期：＿＿＿＿＿＿＿</td></tr>
<tr><td colspan="6" align="center">第二部分：转正审批表</td></tr>
<tr><td align="center">直属上级意见</td><td colspan="5">　　　　　　　　　签名：＿＿＿＿＿＿＿　　　　日期：＿＿＿＿＿＿＿</td></tr>
<tr><td align="center">部门经理意见</td><td colspan="5">　　　　　　　　　签名：＿＿＿＿＿＿＿　　　　日期：＿＿＿＿＿＿＿</td></tr>
<tr><td align="center">人力资源部意见</td><td colspan="5">　　　　　　　　　签名：＿＿＿＿＿＿＿　　　　日期：＿＿＿＿＿＿＿</td></tr>
<tr><td align="center">总经理意见</td><td colspan="5">　　　　　　　　　签名：＿＿＿＿＿＿＿　　　　日期：＿＿＿＿＿＿＿</td></tr>
</table>

8.6　岗位绩效考核

8.6.1 岗位分类及薪酬绩效制度

一般来说，企业中常见的五种岗位为管理岗位、销售岗位、技术岗位、职能服务岗位和生产岗位（见表 8-12）。

表 8-12   企业中常见的五种岗位

岗位类别	定　义	实例岗位
管理人员	指承担经营管理指标的企业管理人员	总经理、副总经理
销售人员	指承担企业产品销售工作的人员	销售代表、销售主管
技术人员	指承担企业技术研发、技术实施的人员	研发工程师、项目经理
职能服务人员	指承担企业内务管理的人员	财务、人力资源、行政
生产人员	指承担企业产品生产的人员	生产工人

针对这五种常见的岗位，表 8-13 比较了经常采用的薪酬、绩效考核制度。

表 8-13   各岗位通行的薪酬绩效制度

岗位类别	主要薪酬考核制度	主要工资构成	核心绩效考核要素	绩效考核指标示例
管理人员	年薪制	基本年薪 + 效益年薪	业绩 + 管理	年度净利润
销售人员	绩效制	基本工资 + 业绩工资（底薪 + 提成）	业绩	销售额
技术人员	技能制	基本工资 + 技能工资	技能 + 项目	项目成功率
职能服务人员	岗位制	基本工资 + 岗位工资	岗位	服务满意度
生产人员	计件制	基本工资 + 计件工资	技能 + 计件	合格产量

根据以上两个表，我们可以简单地了解企业典型岗位及通行的薪酬制度和绩效考核制度。下面，我们将就每一个岗位的典型薪酬考核制度，结合岗位的特点，进行详细的分析。

8.6.2　管理人员的薪酬考核制度

管理人员一般在企业主要承担经营和管理的职责，为了能够对管理人员进行有效的激励和约束，使管理者的所得与责任和贡献相匹配，一般来说，企业会采用年薪制的薪酬考核模式。

年薪制是一种以年度为单位，根据企业的经营规模、经营业绩、管理水平等确定并支付给管理者的工资制度。年薪制中，对于管理人员最常见的考核指标为企业经营的财务指标，如销售收入、净利润、净现金流，有的企业会增加企业股票价值等资本市场的评估指标，还有的企业会添加一些管理指标（如制度建设、流程完善、团队稳定、人才培养等）。

年薪制具有明显的优点，机制也较为灵活，但它仍有一些实施的前提条件。一个重要的条件是关于企业的所有权与经营权分离的问题，原则上实行年薪制的人员应该是企业的经营者，有独立的经营权限，也有相应的权利监督机制。另一个条件是要有较为完善的企业经营状况记录和核实的机制，要以企业的经营结果来考核管理者。

一般来说，年薪制以年度为单位进行考核，企业会与管理人员签订年度经营任务书（样本见表 8-14）。

表 8-14　　　　　　　　　　　　年度经营任务书

甲方：　　　　　　　　　　　　　　　乙方：

经甲乙双方协商，就经营任务及相应的薪酬达成一致意见，具体如下：

一、乙方岗位及职责：

乙方_____（姓名），接受甲方的聘任，担任_____岗位，负责的业务／事务主要包括：

1.

2.

3.

4.

5.

二、经营目标：

在_____年___月___日至_____年___月___期间乙方承诺完成经营指标如下：

（1）实现税后净利润（P）_____万元（考核权重：_____%）；

（2）实现销售收入_____万元（考核权重：_____%）；

（3）年销售收入中新产品销售收入达到_____% 及以上（考核权重：_____%）

三、甲方根据乙方以上承诺，对乙方提供年薪及相关待遇做出如下承诺：

1. 乙方_____年度的年薪为_____万元／年，其中_____%定为基本年薪，即_____万元，平均按月发放；_____%定为效益年薪（X），即_____万元。

2. 乙方除年薪外，相关福利按公司的有关规定办理。

3. 效益年薪的计算方法：

效益年薪（X）根据经营指标完成情况于年终审计完成后一次性发放：

I. 实际完成经营指标（N）／计划经营指标（M）<50%，没有效益年薪（即 X = 0）；

II. 实际完成经营指标（N）／计划经营指标（M）≥ 50%的，效益年薪按任务完成比例发放（即 X = N／M）。

四、其他约定：

甲方代表：_____   乙方（签名）：_____

日　　期：_____   日期：_____

8.6.3　销售人员的薪酬考核制度

销售人员的薪酬考核制度一般采用提成制，但在具体的提成制执行中，又分为不同的类型，一般来说，可以分为以下类型：

1. 纯提成制

纯提成制，指企业销售人员的工资全部由提成构成，企业不给销售人员发放固定的工资。纯提成制具有很强的激励性，对于销售人员的考核以单纯的业绩结果为准，按照业绩结果的一定比例给销售人员提成。

2. 底薪＋提成制

底薪＋提成制，指企业销售人员的工资由基本的工资收入和业绩提成两部分构成。一般情况下，底薪仅用来保证销售人员的基本生活费用，额度不会太高，而且不执行考核；提成是对于销售人员的激励，按照业绩结果进行考核。

3. 底薪＋提成＋奖金制

底薪＋提成＋奖金制，指销售人员除底薪和根据自身业绩获得的提成外，还会获得奖金。奖金的考核标准一般是团队的业绩，如部门业绩、企业整体业绩等。

4. 底薪 + 奖金制

底薪 + 奖金制，指企业销售人员的工资收入主要以底薪和与团队、企业整体利益挂钩的奖金组成。在这种薪酬考核模式下，底薪是用来保证销售人员基本生活的，而奖金则强调了销售人员关注团队、企业整体的利益。

一般来说，对于销售人员提成的考核标准，主要执行以下几类，具体参见销售人员提成的考核标准表（见表 8–15）。

表 8–15　　　　　　　　　销售人员提成的考核标准表

考核指标	定义	备注
销售收入额	指企业按照会计准则在某一考核周期内确定的收入额。	不同的行业收入确认的会计准则不同。
销售合同额	指销售人员在某一周期内所签订的合同额总数。	这个指标一般以签订法律合同为准。
销售毛利额	销售毛利额 = 销售收入额 – 分包采购实施成本 – 销售费用 – 税金。	每个企业由于业务及所处的行业不同，对于销售毛利额的定义也略有不同，如实施成本、资金成本等，可根据企业的不同要求而设定。
销售净利额	销售净利额 = 销售收入额 – 分包采购实施成本 – 销售费用 – 销售人员人工成本 – 销售人员管理成本 – 税金。	销售净利比销售毛利提出更高的要求，是按照每个销售人员给企业创造的实际价值计算的。
销售市场份额	指企业销售额 / 数量占行业产品整体销售额 / 数量的比例。	企业按照销售人员的销售量占市场份额的比例来核定销售人员的提成，主要目标是占领更大的市场份额或者取得产品销售的先机。
销售增量	指企业销售的增长量或增长比例。	这种销售的增量最终也会以销售收入额、销售合同额、销售毛利额、销售净利额、销售市场份额等数据的增量来体现。

经验分享 Human Resources

销售人员提成比例的设计

在销售人员的提成比例设计上，一般会有以下几种模式：

（1）单一提成比例：即设定某一固定的提成比例，如 3%、5% 等，上不封顶。

（2）累进提成比例：即提成比例随着数额的增加而增加，如 1 万元以内为 3%、1 万元至 3 万元为 5%、3 万元以上为 10%。

（3）累降提成比例：即提成比例随着数额的增加而减少，如 1 万元以内为 5%、1 万元至 3 万元为 3%、3 万元以上为 1%。

8.6.4　技术人员的薪酬考核制度

技术人员的薪酬考核制度一般采取岗位技能制度，其中的岗位工资部分根据技术人员所从事的职务 / 岗位而确定。技能工资是根据技术人员个人的技能或能力而确定的。

在核定技术人员岗位技能工资时，可以依据考核结果来发放岗位技能工资，表 8-16 就是一个实例。

表 8-16　　　　　技术人员岗位技能工资发放比例表

考核等级	A+	A	B+	B	C	D	E
综合评定	非常杰出：以创造性的方式做出重大贡献或在工作方法方面有极大的推广价值	出色：超越岗位常规要求；并完全超过预期地达成了工作目标。	良好：完全符合岗位常规要求；全面达成工作目标，并有所超越。	合格：符合岗位常规要求；保质、保量、按时地达成工作目标。	略有不足：符合岗位常规要求；极小一部分工作目标达成略有欠缺。	有所不足：基本符合岗位常规要求，但有所不足；基本达成工作目标，但有所欠缺。	难以胜任：不符合岗位要求，无法完成岗位工作目标。
岗位技能工资发放比例	125%	120%	110%	100%	90%	80%	70%

另外，技术人员，尤其是以项目为主要工作方式的技术人员，除实行岗位技能工资制度外，还可以将项目奖金作为绩效工资。项目奖金的基本思路是以项目利润的一定比例作为项目组成员的奖励，并由项目经理根据项目组成员的贡献进行分配（具体见表 8–17 和表 8–18）。

项目利润 = 合同额 – 销售成本 – 外包 / 外购费用 – 实施成本 – 税金

表 8–17　　　　　　　　　　　技术人员项目考核表

项目考核指标	权重	主要内容
项目计划 / 预算	10	项目计划、预算在规定时间内提交。
过程文档质量	10	项目过程中文档制作完整、保存及时。
项目进度	30	项目按照项目计划执行。
项目成本	15	项目按照预算执行，未超出预算额度。
项目验收	15	项目按照项目计划及时完成项目交付和验收工作。
客户满意度	20	项目客户对于项目结果评价为满意。

表 8–18　　　　　　　　　　　技术人员项目奖金核定表

等别	项目考核分数	项目奖金占项目利润的比例
1	≥ 100 分	8%
2	≥ 90 分	7%
3	≥ 80 分	6%
4	≥ 70 分	5%
5	≥ 60 分	3%
6	<60 分	0

8.6.5　职能人员的薪酬考核制度

职能人员一般都任职于固定的岗位，对于职能人员的考核也相对固定，表 8–19 就是一个实例。

表 8-19   职能人员考核评估表

考核项目		项目类型及分数等级				
		10 分	8 分	6 分	4 分	2 分
工作业绩	工作完成准确性	完全保持正确及完整，无任何错误发生	主要工作保持正确及完整性，偶有小错但能及时更正	主要工作大致符合要求，偶有错误，一经主管指正，立即改进	主要工作必须主管及时支持，勉强达成要求标准	经常工作不完全，虽经主管指正，错误仍一再重复
	工作完成及时性	所有工作皆于指定日期之前主动完成	主要工作皆于指定日期之前主动完成	主要工作经主管催促之后，按期完成	主要工作经主管催促及支持之后勉强完成	主要工作经常延误
	工作绩效改进能力	能够正确无误改进工作，提高绩效	工作绩效改进能力尚可	工作绩效改进能力一般	工作绩效改进能力较差	无工作绩效改进能力
工作态度	责任感	忠诚服务，锐意精进	处事稳健，极少督促	比较负责，但需主管督促	处事较为被动，需主管督促	责任心差，主管经常督促
	团队合作	主动支持组织政策与目标，与主管及同人合作无间	了解个人任务，大致能与他人配合及提供必要协助	经主管提示，能与同人合作	勉强与他人合作，有些摩擦	经常不能合作，无法与他人相处
	主动性	非常积极主动，有很高的工作业绩	非常积极主动，有较好的工作业绩	比较积极主动，工作比较认真负责	不太积极主动，有时计较个人得失	消极怠慢，常常计较个人得失
工作能力	问题研判与解决方案	能非常迅速准确地作出判断并解决问题	能有效掌握相关信息，且正确有效地做出决定	能分析相关信息，且所做的决策一般尚属正确	易于未考虑周详即作判断，未能考虑后果	未具备所需之判断与决策能力
	沟通能力	善于沟通、正确表达意见	能把握沟通重点、要点	沟通能力一般	沟通能力较弱	沟通能力差，无法与别人进行正常沟通

考核项目		项目类型及分数等级				
		10分	8分	6分	4分	2分
工作能力	执行能力	具有充分技术与经验，完全独立工作，有协助及教育他人的能力	能独立作业，偶尔能协助他人	能独立作业	能独立作业，偶尔接受他人支持	未能独立工作，经常需要支持
	学习吸收反应能力	善于学习且无须他人协助	学习记忆颇佳但需少量监督	需督导但有判断能力	每一点指示均需要督导	学习能力差，记忆力差

8.6.6　生产人员的薪酬考核制度

生产人员的薪酬考核制度相对就简单一些，主要以计件工资制或计时工资制为主，计件工资制更为常见一些，主要以生产人员的具体生产数量为计算基准，计时工资制则根据生产时间的安排来计算工资标准。

8.7　绩效法规解读

关于绩效考核相关的法律法规，主要集中在"用人单位可以解除劳动合同时必须要有充足的证据"和"在试用期可以解除劳动合同"两个方面。

1. 用人单位可以解除劳动合同时必须要有充足的证据。

国家《劳动合同法》相关条款

第三十九条　劳动者有下列情形之一的，用人单位可以解除劳动合同：

（一）在试用期间被证明不符合录用条件的；

（二）严重违反用人单位的规章制度的；

（三）严重失职，营私舞弊，给用人单位造成重大损害的；

（四）劳动者同时与其他用人单位建立劳动关系，对完成本单位的工作任务造成严重影响，或者经用人单位提出，拒不改正的；

（五）因本法第二十六条第一款第一项规定的情形致使劳动合同无效的；

（六）被依法追究刑事责任的。

第四十条 有下列情形之一的，用人单位提前三十日以书面形式通知劳动者本人或者额外支付劳动者一个月工资后，可以解除劳动合同：

（一）劳动者患病或者非因工负伤，在规定的医疗期满后不能从事原工作，也不能从事由用人单位另行安排的工作的；

（二）劳动者不能胜任工作，经过培训或者调整工作岗位，仍不能胜任工作的；

（三）劳动合同订立时所依据的客观情况发生重大变化，致使劳动合同无法履行，经用人单位与劳动者协商，未能就变更劳动合同内容达成协议的。

📋 **应用解析**

用人单位要依法解除劳动合同，必须要有充足的证据，主要需要证明"试用期内不符合录用条件""严重违反规章制度""严重失职，营私舞弊，给用人单位造成重大损害"以及"劳动者不能胜任工作，经过培训或者调整工作岗位，仍不能胜任工作"，这四点都需要以绩效考核的结果进行证明；同时，还要注意绩效考核流程的完善性，要保留绩效考核结果、绩效面谈记录及员工的绩效改进计划等，这些均是有力的证据。

2. 在试用期可以解除劳动合同。

国家《劳动合同法》相关条款

第三十九条 劳动者有下列情形之一的，用人单位可以解除劳动合同：

（一）在试用期间被证明不符合录用条件的；

（二）严重违反用人单位的规章制度的；

（三）严重失职，营私舞弊，给用人单位造成重大损害的；

（四）劳动者同时与其他用人单位建立劳动关系，对完成本单位的工作任务造成严重影响，或者经用人单位提出，拒不改正的；

（五）因本法第二十六条第一款第一项规定的情形致使劳动合同无效的；

（六）被依法追究刑事责任的。

应用解析

在试用期与员工解除劳动关系的，企业最关键的是要证明不符合录用条件，所以，员工在试用期内的考核就显得非常重要，只有有完善的试用期内考核体系，对于员工有及时、客观的考核，才能在不符合录用条件上有客观证明。

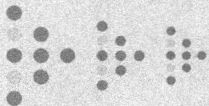 第 **9** 章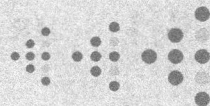

考勤管理

考勤管理包括哪些主要内容?

如何管理好考勤的签到 / 外出?

如何落实好员工的加班 / 出差?

如何落实好员工的请假管理?

如何让考勤的统计更加完善?

9.1 | **HR 应知应会**

考勤管理工作模块是人力资源管理中基础和必备的一个模块，看似很简单，但却体现了管理的科学性、人性化，也是劳动关系管理中一个重要环节（具体见表 9-1 "考勤管理"要点、技能、流程、图表）。考勤管理工作模块共包括 5 项工作要点，具体细分为 8 项关键技能，需要掌握 2 个关键流程和 7 个关键图表。

表 9-1 **"考勤管理"要点、技能、流程、图表**

序号	5 项工作要点	8 项关键技能	2 个关键流程	7 个关键图表
1	理解考勤管理	明确考勤管理内容		
2	管理签到 / 外出	明确员工签到管理 明确员工外出管理		签到表 外出登记表
3	管理加班 / 出差	明确员工加班管理 明确员工出差管理	出差流程	加班审批表 出差审批表 差旅日志表
4	管理请假审批	明确员工请假管理 明确员工假期类别	请假流程	请假申请表
5	管理考勤统计	明确考勤统计管理		月考勤汇总表

9.2　实战案例分析

实景重现

　　小张是某公司的员工，在公司已经工作了三年。由于家里发生一些事情，小张要请五天事假，情况发生得突然，小张接到家里电话后就订了票，准备当天晚上离京。当天，小张按照公司规定履行请假手续，公司要求请假五天以上（含五天）必须由总经理审批才可以生效，但总经理在外开会，只经过部门经理签字审批同意。五天后，由于家里的事情未处理完毕，小张继续请假三天，由于在外地，没有履行手续。小张手头上负责公司一个非常重要的项目，由于请假拖延了项目的进度，客户很不满意，并要求延迟付款。总经理知道后，非常生气，要求人力资源部审查小张的请假手续，在得知情况后，要求将小张请假期间按照旷工计算，并据此与小张解除了劳动合同。小张觉得很冤枉，认为自己已经请假，遂提出了劳动仲裁。

案例分析

　　以上这个案例应该说是人力资源管理实践中比较常见的一个案例。考勤管理是日常员工关系管理中比较容易产生分歧的领域，在很多劳动纠纷中，"旷工"是一个主要的争论点。在上面这个案例中，员工认为已经按照公司规定履行了请假手续，包括提前提出申请，而且部门经理已经审批通过，总经理在外开会无法审批不是员工的责任。公司方坚持管理规定要求五天及以上的事假必须由总经理审批通过才能生效，总经理没审批就意味着不通过，员工擅自不来上班就是旷工。所以，争论的焦点集中在"公司对于请事假的流程是否有明确的要求"等问题上。通过这个案例我们可以看出，考勤管理，尤其是规范的考勤管理是人力资源基础管理中一个重要的方面。在本章中，我们将详细叙述考勤管理的关键内容。

9.3 理解考勤管理

考勤管理是人力资源日常管理的基础工作之一，考勤主要用于全面客观地反映和记录员工出勤、加班、出差、年休假、病假、事假、迟到、早退、旷工等。考勤是公司了解员工劳动强度、身体状况、人员配置合理程度的重要指标，为公司加强员工健康管理、科学调度人员、合理配置资源及员工奖惩、晋升等提供科学依据。

考勤管理的主要工作内容见图 9-1。

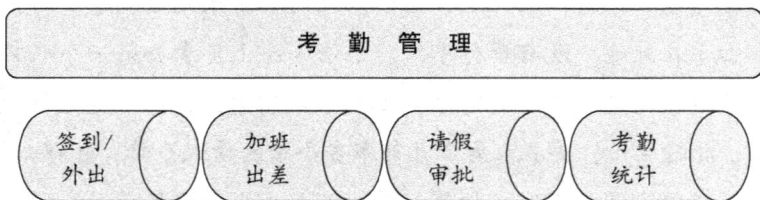

图 9-1　考勤管理主要工作内容

9.4 管理签到 / 外出

9.4.1　工作时间

工作时间一般分为标准工作时间、不定时工作时间和综合计算工作时间几种。

1. 标准工作时间

国家规定的法定工作时间为每周工作 5 天，每天 8 小时，即每周 40 小时的工作时间。

每月工作日数量 =（365 天 - 假日 104 天 - 节日 11 天）÷12 个月 =20.83 个工作日，所以，在计算月工资时，是以"月工资额 ÷20.83× 实际出勤日"

计算的。需要注意的是，根据劳动法的规定，在计算日工资和小时工资时，工作日的计算不减节日 11 天，即每月工作日数量 =（365 天 – 假日 104 天）÷12 个月 =21.75 个工作日。

一般规定的法定工作时间为上午 9 点至 12 点，下午 1 点至 5 点，中间休息 1 小时。需要注意的是，国家规定中间休息的 1 小时也列入 8 小时工作时间内。

另外，有些企业为了更加人性化管理，避免上下班高峰拥堵，采取了具有一定弹性的工作时间，如工作时间仍为 8 小时 / 天，但上班时间可以为上午 8 点至10点，根据上班时间后延 8 小时即为下班时间，早来早走，晚来晚走。

2. 不定时工作时间

不定时工作时间是指每一工作日没有固定的上下班时间限制。它针对因生产特点、工作特殊需要或职责范围的关系，无法按标准工作时间衡量员工的工作时间的情况，如高级管理人员、外勤人员、推销人员、部分值班人员、长途运输人员、出租车司机等。

实行不定时工作时间的员工，不受《劳动法》第四十一条规定的日延长工作时间标准和月延长工作时间标准的限制，但企业应采用弹性工作时间等适当的工作和休息方式，确保员工的休息休假权利和工作任务的完成。实行不定时工作制人员不执行加班工资的规定，但是实行不定时工作人员的工作时间仍应按照相关法规文件的规定，平均每天原则上工作 8 小时，每周至少休息 1 天。

3. 综合计算工作时间

对于某些特殊工种的员工，由于其工作具有连续性或季节性，采用以周、月、季、年等为周期，综合计算工作时间，但其平均日工作时间和平均周工作时间应与法定标准工作时间基本相同。

9.4.2　出勤记录

员工在工作日按规定工作时间正常上班及经审批外出执行公务、出差等均为正常出勤。原则上要求出勤期间不得无故离岗、串岗，不得办理私人事务。

企业会对员工的出勤情况进行记录。出勤记录的方式一般分为打卡机打卡或门禁刷卡、指纹考勤及签到（见表 9–2）等几种。原则上要求员工在工作日上班、下班、中途因公务外出均需进行考勤记录。

表 9-2   签到表

公司：

序号	部门	姓名	上班时间	下班时间	备注

9.4.3　外出管理

凡在正常工作时间因公外出人员，需提前一天提交申请并经部门经理批准。需在考勤管理员处进行外出登记备案（见表 9-3），备案需登记外出时间、去向、事由及批准人。

外出未报部门经理批准并备案的，一律按旷工处理。

表 9-3   外出登记表

公司：

序号	部门	姓名	外出时间	返回时间	事由	批准人	备注

外出登记的必要性

员工经常会因公外出，由于因公外出不仅会涉及企业支出费用（如外出交通、外出餐费、招待费用等），还会涉及管理责任问题（如工伤、意外伤害等），所以一般企业都会加强员工的外出管理，主要表现在外出前需要审批以及外出时需要登记两个方面。

9.5　管理加班 / 出差

9.5.1　加班管理

员工在正常工作时间外的延长工作时间，即为加班。

由于加班会增加人工成本（按不同的标准支付 1.5 倍、2 倍和 3 倍工资），所以对于加班要加强管理。

员工加班必须提前申请并得到审批后方可加班。员工或加班安排人须在加班前提出申请，并填写《加班审批表》（见表 9-4）。

表 9-4　　　　　　　　　　加班审批表

加班申请人：		所属部门：	申请时间：＿＿年＿月＿日
加班人：			
加班事由：			
预计加班时间		实际加班时间	
批准人		审核人	

9.5.2　出差管理

员工因公离开驻地去异地即为出差。出差的通常管理流程为（见图 9-2）：

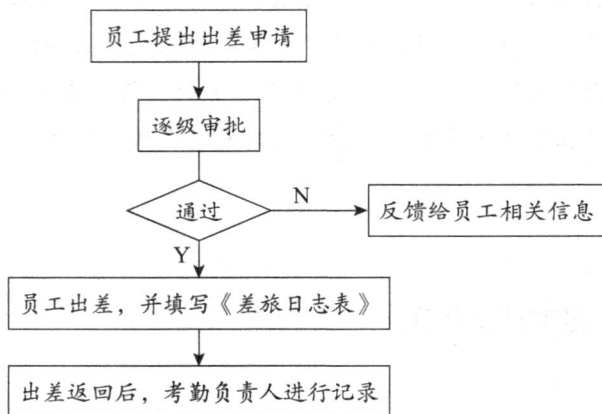

图 9-2　出差流程

凡出差的员工，在出差之前必须向其直属上级明确出差的工作目标及达到目标所需的行程安排和费用支出，填写《出差审批表》（见表 9-5），其直属上级必须认真对员工《出差审批表》中填写的出差目标及行程安排和费用支出进行审核。

在出差申请得到批准后，员工凭《出差审批表》支取差旅借支款，借款后将批准的《出差审批表》报考勤员备案。在外出差期间必须如实记录每天的工作进展情况及相关的费用花费情况，填写《差旅日志表》（见表 9-6），并及时与直属上级沟通和联系，汇报工作进展情况。

原则上，出差不得超出《出差审批表》规定的期限，超出期限一律按事假计算。如确有特殊情况，必须提前向直属上级提出申请，经直属上级许可后，方可延期。

返回公司后，员工将《差旅日志表》与报销票据一并提交至直属上级处，直属上级对员工出差是否达到目标、实际行程安排是否合理、实际费用支出是否合理等进行审核，提出审核意见并根据财务相关规定审核报销票据、签署报销单，之后员工可到财务部办理相关报销手续。同时，考勤管理员对员工实际出差情况进行记录。

表 9-5　　　　　　　　　　　　　　　　**出差审批表**

申请日期：_____ 年 ____ 月 ____ 日

申请人：	同行人：
目的地：	预计期限：从 ____ 月 ____ 日至 ____ 月 ____ 日
预期目标：	
日程安排：	
费用计划： 1. 车 / 机票： 2. 住宿费： 3. 餐饮费： 4. 招待费： 5. 其他费用： 合计：	
直属上级意见：	
部门经理意见：	财务部意见：
总经理意见：	

表 9-6　　　　　　　　　　　　　　　　**差旅日志表**

出差人：

工作记录		费用记录		
日　　期	工作内容	费用条款	数　　额	说　　明
出差人具体往返日期：自 _____ 到				
部门经理审核意见：				

9.6 | 管理请假审批

9.6.1　请假流程及审批权限

在实际工作中，员工会因各种原因申请休假，员工请假的管理流程参见图 9–3。

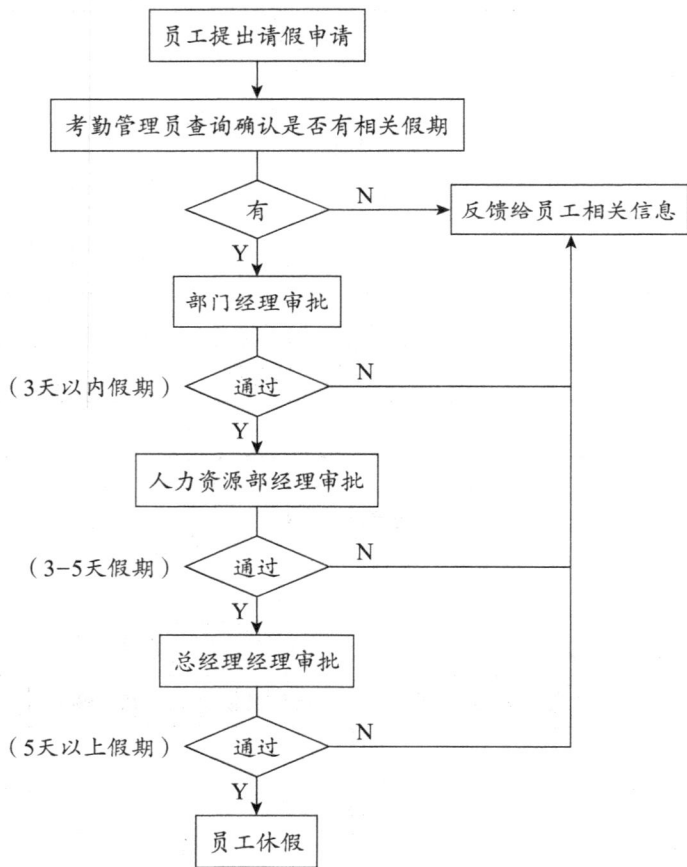

```
                    ┌──────────────────┐
                    │  员工提出请假申请  │
                    └──────────────────┘
                             │
                ┌──────────────────────────────┐
                │ 考勤管理员查询确认是否有相关假期 │
                └──────────────────────────────┘
                             │
                           ◇ 有 ◇──── N ────→ ┌──────────────────┐
                             │                │ 反馈给员工相关信息 │
                            Y│                └──────────────────┘
                    ┌──────────────┐                   ↑
                    │  部门经理审批  │                   │
                    └──────────────┘                   │
  （3天以内假期）       ◇ 通过 ◇──── N ─────────────────┤
                            Y│                          │
                    ┌──────────────────┐                │
                    │  人力资源部经理审批  │              │
                    └──────────────────┘                │
  （3–5天假期）         ◇ 通过 ◇──── N ─────────────────┤
                            Y│                          │
                    ┌──────────────────┐                │
                    │  总经理经理审批     │              │
                    └──────────────────┘                │
  （5天以上假期）       ◇ 通过 ◇──── N ─────────────────┘
                            Y│
                    ┌──────────┐
                    │  员工休假  │
                    └──────────┘
```

图 9–3　请假流程

企业在规定请假程序时，需要明确请假的类别，如事假、病假、婚假、产假、丧假、年休假、福利假等。另外，要求员工在请假前需要事先填写《请假申请单》（见表9-7），按假期种类及期限申请相关权限，经审批通过后，方可休假。

对于请假的时间，原则上除因患急症或突发紧急事件无法提前办理请假手续的情况外，其他情况均须提前办理请假手续。

如休假提前结束的，员工需要办理销假手续。

如实际休假时间超出《请假申请单》期限的，员工需再次提出申请，经批准后可延长休假。

表 9-7　　　　　　　　　　　　　请假申请单

假期类别：　　　　　　　　　　　　　　　　　　　　　年　　月　　日

部门		姓名			
日期		天数			
事由					
工作安排					
直属上级	部门经理		人力资源部		总经理

请假审批权限及生效

一般来说，企业会根据员工请假类型和长度来设定一定的审批权限。例如，三天以下的，由部门经理审批后生效；三天以上五天以下的，需经部门经理及人力资源部经理审批后生效；五天以上的，需经部门经理、人力资源部经理、总经理审批后生效。请假审批因为涉及面广，最好不要超过三级以上审批，否则会影响管理效率。

9.6.2　主要假期类型

企业假期类型一般包括事假、病假、婚假、产假、丧假、年休假和法定节假日七类。

1. 事假

指员工因办理私人事务需占用工作时间而请休的假期。

一般企业规定事假是无薪的。另外，企业会对长时间请事假的员工进行惩罚，如连续事假超过 15 日或年度事假累计超过 30 日的，自符合条件之日起该员工视为自动辞职。

2. 病假

指员工因生病无法出勤而请休的假期。

一般企业规定病假是带薪的，但病假的带薪标准各企业有不同的规定。

例如，员工因病休假须向公司出示医院诊断证明，病假期间按照原薪资的 50% 计薪。

3. 婚假

指员工因结婚而请休的假期。

对于婚假，国家和地区都有相应的规定。例如，婚假假期为三天，符合国家规定晚婚条件（男方满 25 周岁，女方满 23 周岁）的，假期为十天（包含双休日、法定节假日）。

4. 产假

指女员工因流产、生育而请休的假期。

另外，各地区对女员工产假还会有一些特殊的规定，如北京市规定：女员工符合晚育条件者（已婚妇女年满二十四周岁初育的为晚育），可增加奖励假 30 天。

5. 丧假

指员工因直系亲属（父母、子女、配偶）身故而请休的假期。

对于丧假，国家也有相应的规定，丧假假期为三天。

6. 年休假

指法律规定的员工固定可以享有的带薪假期。

7. 全国法定节假日

指国家统一规定的全国法定节假日（包括：新年、春节、清明节、劳动节、端午节、中秋节、国庆节等），放假时间按照当地政府颁布的具体放假办法执行。

9.7 | 管理考勤统计

考勤的设置、统计以及考勤系统的维护工作一般由专人负责监督及管理。考勤数据的确认一般采用统一管理与部门管理双向负责制。

考勤周期结束后生成考勤原始记录，对员工考勤异常情况进行正常记录，再结合外出登记、请休假等进行确认与调整。进而形成考勤周期的考勤汇总（见表9-8），以此作为考勤扣款依据。

表 9-8　　　　　　　　　　　　月考勤汇总表

部门：　　　　　　　　填表人：　　　　　　　日期：

序号	部门	姓名	病假	事假	迟到/早退	旷工	年休假	其他

9.8 | 考勤法规解读

与考勤管理相关的法律法规主要包括四个方面："全国年节及纪念日放假办法""职工带薪年休假""女职工劳动保护规定"以及"企业职工患病或非因工负伤医疗期规定"。

1. 全国年节及纪念日放假办法

全国年节及纪念日放假办法

第二条 全体公民放假的节日：

（一）新年，放假 1 天（1 月 1 日）；

（二）春节，放假 3 天（农历正月初一、初二、初三）；

（三）清明节，放假 1 天（农历清明当日）；

（四）劳动节，放假 1 天（5 月 1 日）；

（五）端午节，放假 1 天（农历端午当日）；

（六）中秋节，放假 1 天（农历中秋当日）；

（七）国庆节，放假 3 天（10 月 1 日、2 日、3 日）。

📋 **应用解析**

年节及纪念日的放假办法与计算加班息息相关，需要注意的是以上所列的这些节日在计算加班时需要支付 3 倍工资。

2. 职工带薪年休假

职工带薪年休假条例

第二条 机关、团体、企业、事业单位、民办非企业单位、有雇工的个体工商户等单位的职工连续工作 1 年以上的，享受带薪年休假（以下简称年休假）。单位应当保证职工享受年休假。职工在年休假期间享受与正常工作期间相同的工资收入。

第三条 职工累计工作已满 1 年不满 10 年的，年休假 5 天；已满 10 年不满 20 年的，年休假 10 天；已满 20 年的，年休假 15 天。

国家法定休假日、休息日不计入年休假的假期。

第四条 职工有下列情形之一的，不享受当年的年休假：

（一）职工依法享受寒暑假，其休假天数多于年休假天数的；

（二）职工请事假累计 20 天以上且单位按照规定不扣工资的；

（三）累计工作满 1 年不满 10 年的职工，请病假累计 2 个月以上的；

（四）累计工作满 10 年不满 20 年的职工，请病假累计 3 个月以上的；

（五）累计工作满 20 年以上的职工，请病假累计 4 个月以上的。

第五条　单位根据生产、工作的具体情况，并考虑职工本人意愿，统筹安排职工年休假。

年休假在 1 个年度内可以集中安排，也可以分段安排，一般不跨年度安排。单位因生产、工作特点确有必要跨年度安排职工年休假的，可以跨 1 个年度安排。

单位确因工作需要不能安排职工休年休假的，经职工本人同意，可以不安排职工休年休假。对职工应休未休的年休假天数，单位应当按照该职工日工资收入的 300% 支付年休假工资报酬。

📋 **应用解析**

职工带薪年休假中要注意累计计算的工作年限既包括员工在本企业的工作年限，也包括非在本企业工作的年限。

3. 女职工劳动保护

女职工劳动保护特别规定

第六条　女职工在孕期不能适应原劳动的，用人单位应根据医疗机构的证明，予以减轻劳动量或者安排其他能够适应的劳动。

对怀孕 7 个月以上的女职工，用人单位不得延长劳动时间或者安排夜班劳动，并应当在劳动时间内安排一定的休息时间。

怀孕女职工在劳动时间内进行产前检查，所需时间计入劳动时间。

第七条　女职工生育享受 98 天产假，其中产前可以休假 15 天；难产的，应增加产假 15 天；生育多胞胎的，每多生育 1 个婴儿，可增加产假 15 天。

女职工怀孕未满 4 个月流产的，享受 15 天产假；怀孕满 4 个月流产的，享受 42 天产假。

第九条 对哺乳未满 1 周岁婴儿的女职工，用人单位不得延长劳动时间或者安排夜班劳动。

用人单位应当在每天的劳动时间内为哺乳期女职工安排 1 小时哺乳时间；女职工生育多胞胎的，每多哺乳 1 个婴儿每天增加 1 小时哺乳时间。

📋 **应用解析**

女职工的三期（孕期、产期、哺乳期）规定较为详尽，在执行时要非常注意。

4.患病或非因工负伤医疗期

企业职工患病或非因工负伤医疗期规定

第二条 医疗期是指企业职工因患病或非因工负伤停止工作治病休息不得解除劳动合同的时限。

第三条 企业职工因患病或非因工负伤，需要停止工作医疗时，根据本人实际参加工作年限和在本单位工作年限，给予三个月到二十四个月的医疗期：

（一）实际工作年限十年以下的，在本单位工作年限五年以下的为三个月；五年以上的为六个月。

（二）实际工作年限十年以上的，在本单位工作年限五年以下的为六个月；五年以上十年以下的为九个月；十年以上十五年以下的为十二个月；十五年以上二十年以下的为十八个月；二十年以上的为二十四个月。

第四条 医疗期三个月的按六个月内累计病休时间计算；六个月的按十二个月内累计病休时间计算；九个月的按十五个月内累计病休时间计算；十二个月的按十八个月内累计病休时间计算；十八个月的按二十四个月内累计病休时间计算；二十四个月的按三十个月内累计病休时间计算。

第五条 企业职工在医疗期内，其病假工资、疾病救济费和医疗待遇按照有关规定执行。

应用解析

为了更加明确医疗期的相关规定，使用时可以查找以下对应表（见表9-9）。

表9-9　　　　　　　　　　医疗期对应表

实际参加工作年限	在本单位工作年限	医疗期	累计病休时间
10年以下	5年以下	3个月	6个月
	5年以上	6个月	12个月
10年以上	5年以下	6个月	12个月
	5~10年	9个月	15个月
	10~15年	12个月	18个月
	15~20年	18个月	24个月
	20年以上	24个月	30个月

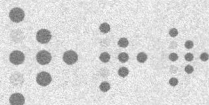 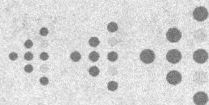

第 **10** 章

培训管理

培训的整体管理流程是什么?

如何有效制订年度培训计划?

培训申请如何履行审批手续?

如何落实培训组织实施工作?

如何整理好培训相关的记录?

新员工的培训如何有效组织?

10.1 HR 应知应会

培训管理工作模块是人力资源管理的重要模块之一，培训管理关系到企业人才技能培训和人才培养，是企业长期发展的重要支撑（具体见表 10-1 "培训管理"要点、技能、流程、图表）。培训管理工作模块共包括 6 项工作要点，具体细分为 10 项关键技能，需要掌握 3 个关键流程和 9 个关键图表。

表 10-1   "培训管理"要点、技能、流程、图表

序号	6 项工作要点	10 项关键技能	3 个关键流程	9 个关键图表
1	理解 培训管理	理解培训管理内容	培训管理流程	
2	制订 培训计划	调查年度培训需求 制订年度培训计划		培训需求调查表 年度培训计划表
3	审批 培训申请	进行员工培训审批 签订员工培训协议	培训审批流程	培训申请审批表 培训协议书
4	组织 培训实施	记录培训实施过程 评估培训实施效果		培训过程记录表 培训效果反馈表 培训效果总结表
5	整理 培训记录	整理保存培训记录		培训记录清单
6	培训 新进员工	编制更新员工手册 落实培训新进员工	新员工入职学习 及培训流程	员工手册范本

10.2 实践案例分析

实景重现

王某加入 D 公司三年，任高级网络工程师。由于行业管理的要求，D 公司要承担 500 万元以上的项目，必须要有行业注册的高级网络工程师资格证书。D 公司部门经理要求王某去参加该培训，3 万元培训费用由公司支付。在参加培训前，D 公司人力资源部与王某签订了培训协议书，其中约定自培训结束后，王某必须为公司服务满三年，而且也对 3 万元培训费进行了约定，若王某未服务满 3 年则少 1 年须支付 D 公司 1 万元违约金。当时，王某也没多想，认为就是普通的手续，但 1 年后王某辞职时，D 公司要求王某承担 2 万元违约金，王某认为很不公平，因为培训是为了帮公司取得相关的资格证书，是为了保证公司业务的开展，而不应该由他来承担费用。

案例分析

在《劳动合同法》中，对于培训费用企业是可以单独与劳动者约定的，可以对劳动者的服务期限进行约定，也可以要求劳动者按未满服务期限承担相应的培训费。在以上案例中，应该说企业的培训管理并不存在问题，包括费用支出、与员工签订培训协议书、约定服务期、要求支付违约金等，均不存在违法问题。只是，从实际出发，以合理的角度看，可以对培训的违约金数额做一定的调整，不一定是所有的培训费用，可以考虑是培训费用的一定比例。这样，员工才能更好地理解与接受。

10.3 理解培训管理

培训工作是人力资源日常管理的核心工作之一。培训是提高员工专业知识技能和个人综合素质的重要手段，是公司和员工持续发展的重要保证。员工培训工作的整体管理流程见图 10-1。

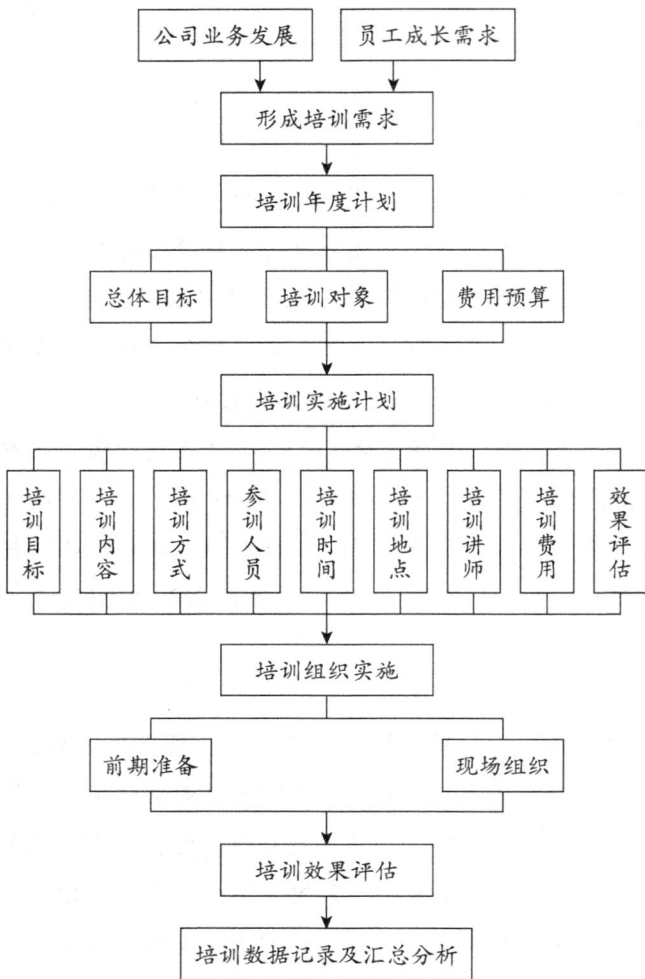

图 10-1　培训管理流程

10.4 | 制订培训计划

培训需求调查是培训工作的起点，只有经过正确的培训需求调查，才能制订出合理的培训年度计划。培训需求调查常见的是使用培训需求调查表（见表 10–2），每年年底人力资源部向各部门下发培训需求调查表，通过收集部门培训需求，再结合企业整体的业务发展需求及人才培养需求，制订出相应的年度培训计划（见表 10–3）。

表 10–2　　　　　　　　　　　培训需求调查表

序号	部门	培训内容	培训方式	培训要达到的目标	费用预算（元）	培训时间	培训人数	审核人

表 10–3　　　　　　　　　　　年度培训计划表

序号	培训时间	培训形式	培训目标	讲师（内部/外请/外派）	培训人数	参训对象	学时/总	费用预算（元）	计划调整		审核人
									调整原因	调整内容	

拟制人：　　　　拟制时间：　　　　　审核人：　　　　　审核时间：

10.5 审批培训申请

10.5.1 培训申请审批流程

在具体培训实施前，需要员工或部门提出申请，培训申请和审批流程见图 10-2。

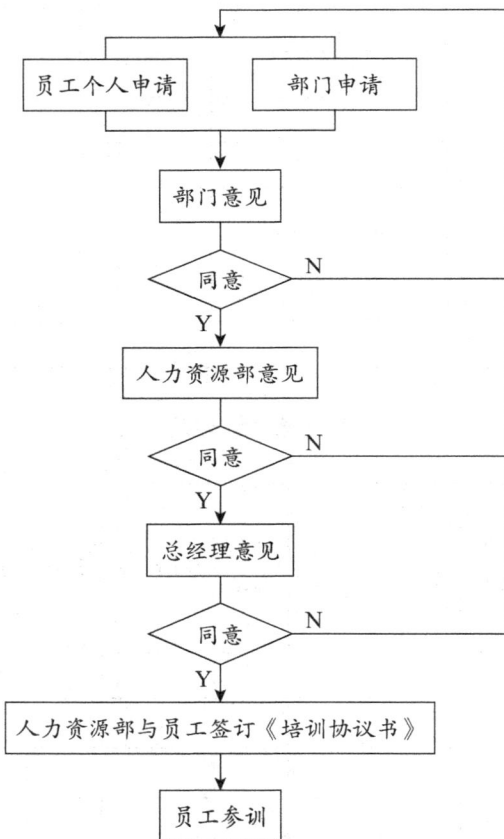

图 10-2 培训审批流程

10.5.2 培训申请审批表

培训申请一般由申请人填写培训申请审批表（见表 10-4），写明具体的培训人员、部门、职位，并明确培训内容、培训方式、培训单位、费用预算、结业方式等。

表 10-4 培训申请审批表

姓名：	部门：	职位：
培训内容		
培训方式		
主办单位		
拟参训人员		
费用预算		
结业方式	证书□　笔试□　工作考察□　其他□	
部门经理意见	签名：_____　日期：_____	
人力资源部意见	签名：_____　日期：_____	
总经理意见	签名：_____　日期：_____	

10.5.3 培训协议书

培训协议书的签订是培训管理工作中重要的一环，企业对于员工进行培训，就是希望提升员工工作技能，并最终服务于企业，提升企业效益。往往企业在员工培训上的支出数额较大并期望员工有相应的服务期时，就必须与员工在其参加培训前签订培训协议书（见表 10-5）。

表 10-5 培训协议书

甲方：_____（公司）

乙方：_____

　　甲方为乙方提供培训_____次，培训主题为_____，培训时间从_____年___月___日至_____年___月___日，培训费用为_____（小写）_____（大写）元人民币。

　　经双方友好协商，达成如下协议：

1. 甲方为乙方提供培训期间必要的时间、资料、费用等方面的支持，以确保乙方顺利参训。

2. 乙方在正常情况下，应按时到训、认真听讲，保证达到培训预期效果。

3. 乙方受训后，如未能达到预期的效果（指未能取得相关证书、未能通过考试等），培训费用由乙方全部承担。

4. 乙方受训后，有义务应甲方要求为相关员工进行相同内容的培训。

5. 乙方自受训之日起与甲方签订为期_____年的劳动合同。

6. 乙方在接受培训后为甲方服务至劳动合同期满的，培训费用由甲方承担；如乙方提前解除劳动合同，或由于乙方个人因素（包括恶意违约）造成甲方被迫提前解除劳动合同的，乙方须按所受培训费用的一定比例赔付甲方的损失，赔付费用如下：

$$赔付费用 = \frac{劳动合同剩余服务期限}{劳动合同期限} \times 培训费用$$

7. 本协议是劳动合同的有效附件。

8. 甲乙双方约定的其他内容。

9. 本协议一式两份，甲、乙双方各执一份。

10. 本协议自签订之日起生效。

甲方（盖章）：_____　　　　　　乙方（签字）：_____

法定代表人或授权代表人（签字）：_____

签订日期：_____年___月___日　　　　　　签订日期：_____年___月___日

签订地点：_____　　　　　　签订地点：_____

培训协议书的注意事项

培训违约金的约定在劳动合同法中有明确规定，企业在与员工签订培训协议时需要特别注意这一点。另外，培训协议书中再次调整劳动合同期限也是一个需要注意的点，最好是在培训协议书签署的同时，再签署一份劳动合同变更书，避免出现培训协议书约定与劳动合同约定期限不同的问题。最后，培训协议书一定要在员工参加培训前签署，而不能等到员工培训结束后再签，否则工作会变得很被动。

10.6 组织培训实施

10.6.1　培训实施过程记录

培训组织实施过程中，要对培训过程进行完整的记录，形成培训过程记录表（见表 10-6）。

表 10-6　　　　　　　　培训过程记录表

培训主题	
培训主要内容	
培训时间	
主讲人	
培训地点	
主办单位	

续表

受训人	
费用情况	
相关书籍 / 资料名称	
获取证书情况	
效果评价	
备注	

填表人：　　　　　　　　　　　　　　填表日期：

10.6.2　培训效果评估

在培训过程中，另外一个重要的环节就是培训效果评估。在进行培训效果评估时，可以是参训学员的现场评估（见表 10-7），也可以是培训组织者对于培训进行的评估（见表 10-8）。

表 10-7　　　　　　　　　　　　　培训效果反馈表

课程名称					
课程日期					
课程说明					
1.您是否知道为什么来参加此次培训?				是	否
2.本培训对您是否有帮助?				是	否
评估项目	很差（1分）、很好（5分）				
课程内容					
内容的易懂程度	1	2	3	4	5
课程结构安排的合理性	1	2	3	4	5

续表

讲师表现						
专业知识	1	2	3	4	5	
教学技巧	1	2	3	4	5	
表达清晰度	1	2	3	4	5	
学员参与						
本人参与度	1	2	3	4	5	
所有学员参与度	1	2	3	4	5	
课程会务						
课程进行	1	2	3	4	5	
场地设备	1	2	3	4	5	
餐饮	1	2	3	4	5	
结论：课程总体评价	1	2	3	4	5	
对于本次课程意见和建议						

表 10–8　　　　　　　　　培训效果总结表

培训主题：	组织部门：
起 / 止日期：	
培训地点：	
培训内容简介：	

培训对象及培训目的：	
培训讲师：	
培训形式：（　）讨论（　）讲座（　）授课（　）其他	
培训情况总结：	
培训组织情况：	
出勤和纪律情况：	
培训效果评价：	
学员建议和意见：	
组织部门负责人意见：	
签名：　　　　　　　　　　　　　　　　　　　　　日期：_____年___月___日	
备注：	

10.7 整理培训记录

培训结束后，人力资源部要组织对培训记录进行汇总整理，一般包括的记录见表 10-9。

表 10-9　　　　　　　　　　培训记录清单

序号	培训资料名称
1	培训需求调查表
2	培训年度计划表
3	培训申请审批表
4	培训协议书
5	培训过程记录表
6	现场签到表，现场参训资料
7	讲师背景资料
8	现场考核表（《培训效果反馈表》）
9	培训考试卷
10	培训证书复印件
11	培训效果总结表
12	年度培训情况汇报
13	其他

Human Resources 经验分享

培训记录要注意日常收集

很多企业都参加了 ISO9000 或 CMM 质量认证，其中培训是一个重要的审核点。在培训审核中，培训资料的完备是基础，所以，主管培训的人员从培训需求调查、培训年度计划，到每次培训实施的具体记录都要认真归档整理。日常培训资料多具有实时性，如现场考试等，一定要注重日常积累与整理。

10.8 | 培训新进员工

10.8.1　编制员工手册

新员工报到手续办理完毕后，最先要学习的就是《员工手册》。《员工手册》主要用于对新员工进行初步指导，是新员工培训前使用的教材。

《员工手册》一般包括以下内容：

1.公司基本情况：主要介绍公司名称的由来、公司的主要情况、涉及的主要业务、人才理念及主要领导等。

2.工作与薪资福利：主要介绍员工的薪资福利构成、发放办法及享受办法等。

3.工作守则：主要介绍公司重要的规章制度，包括行为规范、人力资源管理制度、行政管理制度和财务管理制度等。

以下是《员工手册》主要内容的范本。

员工手册主要内容

第一部分　公司介绍

一、集团介绍

（一）名字的起源及 Logo 的含义

（二）集团概况

（三）主要产业门类及公司

（四）公司的人才理念

（五）集团主要领导

二、主要下属公司情况介绍

第二部分　工作与薪资福利介绍

一、工作岗位介绍

二、薪资介绍

（一）薪资整体政策

（二）薪资的构成

（三）试用期薪资

（四）薪资发放的时间和办法

（五）薪资保密

（六）其他

三、福利介绍

（一）福利整体政策

（二）社会保险与住房公积金

（三）带薪假期

（四）工作餐或餐费补助

（五）其他

四、学习培训

第三部分　工作守则

一、员工行为规范

二、人力资源方面

（一）报到入职

（二）劳动合同

（三）考勤管理

（四）出差申请

（五）请假申请

（六）保密管理

（七）工资考核

（八）培训申请

（九）内部调动

（十）离职手续

三、行政方面

（一）着装要求

（二）名片印制

（三）办公设备

（四）印信使用

（五）票务管理

（六）会议管理

四、财务方面

（一）费用报销

（二）借款付款

（三）固定资产

五、其他

员工手册以什么形式发给员工？

员工手册就是企业浓缩版的制度，一般来说，要求员工遵守的内容都要在员工手册中体现。企业可以要求新员工阅读员工手册，并在员工手册后附员工已经阅读的签收单，要求员工本人签字确认，这可以成为今后劳动关系处理中的一个关键证据。企业也可以将员工手册电子版以邮件形式发送给员工，但员工对于企业制度相关的培训与书面签收就需要另行组织了。

10.8.2　培训新进员工

新员工入职当天对《员工手册》进行学习后，对于企业整理情况有了初步认识。一般来说，要在新员工入职后一周至一个月内集中组织新员工培训。

新员工入职学习与新员工培训的流程如下（见图 10-3）：

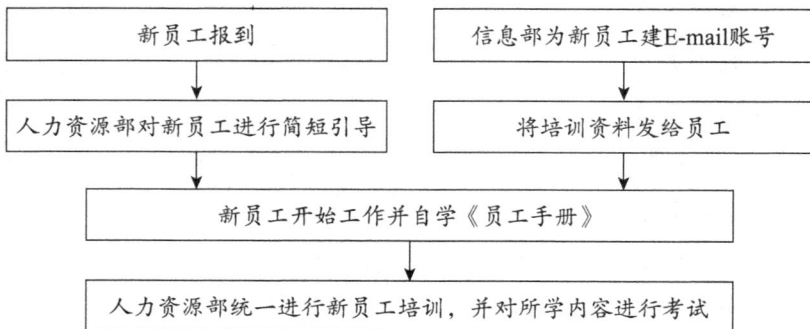

图 10-3　新员工入职学习及培训流程

集中式新员工培训主要包括以下内容：

1. 企业介绍：包括产品、业务、技术等详细介绍。

2. 规章制度：主要介绍企业重要的规章制度及执行要点。

3. 通用职业技能：主要介绍企业常用的职业技能，如沟通、礼仪、会议等。

4. 专业技能：主要介绍企业在工作中的专业技能或特殊要求。

5. 其他。

新员工培训的面授讲师可以邀请企业内老员工或主要领导。对于零散入职的新员工可以分批次集中培训。

新员工培训后举行的考试内容以培训内容为主，题型可以是选择题、是非题、简答题和阐述题，也可以适当地增加部分阐述题，借此了解新员工的心态与期望。

10.9 培训法规解读

与培训相关的法律法规主要包括三个方面："企业必须要制定规章制度""企业必须要对员工进行培训"以及"培训后可以对服务期进行约定"。

1. 企业必须要制定规章制度，并告知员工。

国家《劳动合同法》相关条款

第四条 用人单位应当依法建立和完善劳动规章制度，保障劳动者享有劳动权利、履行劳动义务。

用人单位在制定、修改或者决定有关劳动报酬、工作时间、休息休假、劳动安全卫生、保险福利、职工培训、劳动纪律以及劳动定额管理等直接涉及劳动者切身利益的规章制度或者重大事项时，应当经职工代表大会或者全体职工讨论，提出方案和意见，与工会或者职工代表平等协商确定。

在规章制度和重大事项决定实施过程中，工会或者职工认为不适当的，有权向用人单位提出，通过协商予以修改完善。

用人单位应当将直接涉及劳动者切身利益的规章制度和重大事项决定公示，或者告知劳动者。

📋 **应用解析**

让员工学习的《员工手册》实际就是简版的制度，在《员工手册》中浓缩了企业要求员工必须要知悉的主要规章制度。

2. 企业必须要对员工进行培训。

国家《劳动法》相关条款

第五十二条 用人单位必须建立、健全劳动安全卫生制度，严格执行国家劳动安全卫生规程和标准，对劳动者进行劳动安全卫生教育，防止劳动过程中的事故，减少职业危害。

第五十四条 用人单位必须为劳动者提供符合国家规定的劳动安全卫生条件和必要的劳动防护用品，对从事有职业危害作业的劳动者应当定期进行健康检查。

第五十五条 从事特种作业的劳动者必须经过专门培训并取得特种作业资格。

第五十六条 劳动者在劳动过程中必须严格遵守安全操作规程。

劳动者对用人单位管理人员违章指挥、强令冒险作业，有权拒绝执行；对危害生命安全和身体健康的行为，有权提出批评、检举和控告。

第六十八条 用人单位应当建立职业培训制度，按照国家规定提取和使用职业培训经费，根据本单位实际，有计划地对劳动者进行职业培训。

从事技术工种的劳动者，上岗前必须经过培训。

📋 **应用解析**

企业有对劳动者进行培训的义务，这既保证了劳动者权益，其实也保证了企业的利益，员工具有相应的劳动技能后能够提高劳动效率，同时也能减少职业伤害。

3. 培训后可以对服务期进行约定。

国家《劳动合同法》相关条款

第二十二条　用人单位为劳动者提供专项培训费用，对其进行专业技术培训的，可以与该劳动者订立协议，约定服务期。

劳动者违反服务期约定的，应当按照约定向用人单位支付违约金。违约金的数额不得超过用人单位提供的培训费用。用人单位要求劳动者支付的违约金不得超过服务期尚未履行部分所应分摊的培训费用。

用人单位与劳动者约定服务期的，不影响按照正常的工资调整机制提高劳动者在服务期期间的劳动报酬。

📋 **应用解析**

如果企业需要经济投入保证员工培训的开展，可以对员工的服务期限进行要求，同时，也可以约定员工如不满服务期可以支付违约金。这里最需要注意的就是违约金的额度，不能超过"服务期尚未履行部分所应分摊的培训费用"，我们在本章中已经给出了相应的培训协议书样本，其中对于培训违约金的约定就是依据此法规，要求员工承担剩余服务期的培训分摊费用。

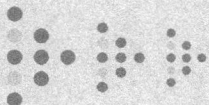

第**11**章

特殊员工

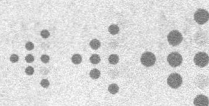

11.1　HR 应知应会

特殊员工管理工作模块是人力资源管理中员工关系管理的工作之一，在新个税法实行、社保入税的背景下，特殊员工的管理成为 HR 从业人员应掌握和应用的工作模块，以保证企业具有多模式灵活的用工体系（具体见表 11-1 "特殊员工" 要点、技能、流程、图表）。特殊员工工作模块共包括 7 项工作要点，具体细分为 11 项关键技能，需要掌握 9 个关键图表。

表 11-1　　　　　"特殊员工" 要点、技能、流程、图表

序号	7 项工作要点	11 项关键技能	0 个关键流程	9 个关键图表
1	理解特殊人员	理解特殊员工管理 办理特殊员工入职 注意特殊员工个税		特殊员工聘用方式及入职资料要求 特殊员工个人所得税纳税办法
2	管理实习人员	签订实习人员协议 出具实习人员鉴定		实习协议书 实习人员表现鉴定表
3	管理退休人员	签订返聘人员协议		退休人员返聘协议书
4	管理兼职人员	签订兼职人员协议 提交兼职人员承诺		兼职协议书 兼职人员承诺书
5	管理非全日制人员	签订非全日制协议		非全日制聘用协议书
6	管理劳务人员	签订劳务人员协议		劳务人员聘用协议书
7	管理派遣人员	掌握派遣管理条例		

11.2　实战案例分析

实景重现

杨某在 E 公司已经工作了八年，双方签订的劳动合同还剩三年到期时，杨某就已经达到了退休年龄。由于杨某原属于国企员工，社保均在原国企单位，到达退休年龄后，杨某就办理了退休手续，但并未告知 E 公司。E 公司在杨某办理退休手续半年后进行整体性的人员调整，当得知杨某已经办理了退休手续，就要求与杨某解除劳动合同，并不支付杨某经济补偿金；但杨某认为劳动合同仍然有效，他有权继续工作，如果解除劳动合同，E 公司必须要支付其经济补偿金。

案例分析

《劳动合同法》中规定，当劳动者开始依法享受基本养老保险待遇时，劳动合同终止，用人单位不需要支付补偿金。以上案例的特殊性在于员工在另外一家单位缴纳社保，所以其在职公司并不知道该员工已经履行了退休手续。其实，自杨某办理了退休手续起，杨某与 E 公司签订的劳动合同就已经终止了，E 公司在半年后知情，是有权直接终止劳动合同的。

11.3　理解特殊员工

11.3.1　理解特殊员工

特殊员工主要指由于人员身份的特殊而与企业产生的特殊用工关系，主要包括实习人员、退休人员、兼职人员、非全日制人员、劳务人员、派遣人员六大类（见图 11-1）。

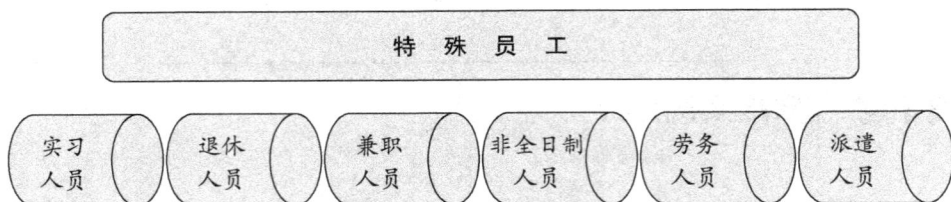

图 11-1　特殊员工管理主要工作内容

11.3.2　特殊员工入职

聘用特殊员工时，需要根据其实际情况采用不同的方式进行聘用，同时，对于特殊员工的入职资料具体要求见表 11-2。

表 11-2　　　　　　　　特殊员工聘用方式及入职资料要求

序号	非正式用工方式	适用人员	聘用方式	入职资料要求
1	实习人员	国家统招且未毕业在校学生，包括大专生、本科生、研究生等。	签订实习协议书（最长到毕业止）	1. 身份证复印件； 2. 在读关系证明（如在读证明、学生证等）； 3. 银行卡复印件。
2	退休人员	达到退休年龄且办理了退休手续的人员，包括提前退休或内退等已经办理退休手续的人员。	退休返聘协议	1. 身份证复印件； 2. 户口本复印件； 3. 退休证明（如内退证、退休证等）； 4. 银行卡复印件。
3	兼职人员	与另外一家单位签订正式劳动合同，并且缴纳社保或个人自行缴纳社保的人员。	签订兼职协议书	1. 身份证复印件； 2. 与其他企业的劳动关系证明（如劳动合同、任职证明、工作证等）； 3. 在其他企业缴纳社保的证明或自行缴纳社保的证明； 4. 银行卡复印件。
4	非全日制人员	按小时计酬人员。	非全日制用工协议书	1. 身份证复印件； 2. 银行卡复印件。
5	劳务人员	自行管理、赚取劳务报酬人员。	劳务协议书	1. 身份证复印件； 2. 银行卡复印件。
6	派遣人员	与劳务派遣公司签订合同的人员。	劳务派遣合同	按照劳务派遣合同执行；根据对方开具的发票付款。

11.3.3 特殊员工个税

聘用特殊员工后，在发放薪酬时，需要根据其实际情况适用不同的个人所得税（见表11-3）。

表 11-3 　　　　　　　　　特殊员工个人所得税纳税办法

序号	非正式用工方式	薪金/劳务费分类	薪金/劳务费发放方式	个人所得税起付点	纳税办法
1	实习人员	工资、薪金所得	按月支付本人	60000/年	年综合所得
2	退休人员	工资、薪金所得	按月支付本人	60000/年	年综合所得
3	兼职人员	工资、薪金所得	按月支付本人	60000/年	年综合所得
4	非全日制人员	工资、薪金所得	按半月支付本人	60000/年	年综合所得
5	劳务人员	劳务所得	按月/按次支付劳务人员	无起付点	年综合所得
6	劳务派遣人员	劳务派遣费	按月支付派遣公司	无	无

11.4 　管理实习人员

实习人员是指利用假期或毕业前的时间到企业中进行短时间实践工作的在校学生。企业提供给在校学生一个接触社会并将理论知识在实践中充分运用的机会。实习人员分为假期实习人员和毕业实习人员。实习人员须是持有校方实习介绍信以及相关证明的在校学生。一般来说，正式招用实习人员后，须与实习人员签订实习协议书（见表11-4）。

表 11-4 　　　　　　　　　实习协议书

甲方：（用人单位名称）	乙方：（实习人员姓名）
住所：	住址：
邮编：	邮编：
电话：	身份证号码：
	电话：

乙方为_____学校学生，自愿到甲方实习。经友好协商，双方达成如下协议：

一、乙方实习期自_____年____月____日起至_____年____月____日止。

二、甲方为乙方实习提供相应的场所、设备等条件，帮助乙方达到了解社会，运用所学知识于实习工作岗位之目的。

三、实习期间甲方为乙方提供实习补助。

四、乙方愿以甲方员工的标准参加实习，遵守甲方各项规章制度、操作规程、劳动纪律及管理规定；完成甲方安排的实习任务。

五、乙方在甲方实习期间，必须服从甲方的管理，认真执行甲方各项规章制度。由于乙方过失或故意所为，给甲方或外派单位造成损失，甲方有权要求乙方赔偿。

六、乙方在实习期间患病或发生意外伤害所发生的费用，由乙方自行承担。

七、甲方可对乙方实习期内的工作表现、工作能力、培训成绩等进行综合考核或考评。考核或考评结果符合甲方要求的，经乙方同意，甲方可考虑正式予以录用；否则，双方均可即时解除本协议。

八、乙方愿意接受甲方的考试、考核或考评，以及对考核或考评结果的处理。

九、本协议一式两份，甲乙双方各持一份。

甲方（签字或盖章）：   乙方（签字或盖章）：

_____年____月____日   _____年____月____日

实习人员在实习期间的考勤一般根据学校课程安排情况确定，可以是全天的，也可以是半天的。实习的期间一般为三个月至半年。实习期满后，企业会出具实习人员表现鉴定表（见表 11-5），除了确定是否录用为正式员工外，也为实习人员向学校、其他企业提供证明文件使用。

表 11-5　　　　　　　　　　**实习人员表现鉴定表**

姓名		部门		现职位	
实习期时间	从____年____月____日至____年____月____日			联系电话	
个人工作报告					
		签名：_____		日期：_____	

续表

直属上级意见	签名：_____ 日期：_____
部门经理意见	签名：_____ 日期：_____
人力资源部意见	签名：_____ 日期：_____
总经理意见	签名：_____ 日期：_____

11.5 管理退休人员

退休人员是指已经办理了退休手续的人员，包括到达退休年龄并办理手续的人员、未到达退休年龄但符合退休条件并已经办理了手续的人员和未到达退休年龄由于特殊原因办理内退的人员。

企业要聘用退休人员，必须是办理了退休手续的人员，而且，需要出具退休证明文件（如退休证、内退证等）。企业聘用退休人员，一般要与退休人员签订退休人员返聘协议书（见表 11–6）。

表 11–6　　　　　　　　退休人员返聘协议书

甲方：（用人单位名称）　　　　　　　乙方：（退休人员姓名）
住所：　　　　　　　　　　　　　　　住址：
邮编：　　　　　　　　　　　　　　　邮编：
电话：　　　　　　　　　　　　　　　身份证号码：
电话：
根据国家有关规定，甲乙双方经平等协商一致，自愿签订本协议。
1.本协议生效日期为_____年___月___日起至_____年___月___日止。

2. 乙方的工作内容为：

3. 甲方按＿＿＿＿＿＿＿支付乙方劳动报酬，乙方劳动报酬明细为：
基本工资为：

绩效工资为：

4. 甲方对于乙方工作绩效的考核办法为：

5. 乙方工作时间为：

6. 由于乙方已经退休，甲方不再为乙方缴纳社会保险和住房公积金。乙方在返聘期间患病或非工作时间发生意外伤害所发生的费用，由乙方自行承担。

7. 乙方应当严格遵守甲方的各项劳动安全制度，严禁违章作业，防止劳动过程中的事故，减少职业危害。乙方应严格遵守国家法律法规及甲方的规章制度。甲方可根据业务经营和管理需要修改、补充有关规章制度，规章制度经正式渠道（内部网、公告栏、邮件等）发布，乙方应一并遵守。

8. 乙方为完成甲方所安排的工作或主要是利用甲方的物质条件、工作场所做出的技术发明、创新及其他知识产权，所有权及专利申请权归属甲方，在工作范围内的一切经营和服务所得归甲方所有。

9. 甲方的商业秘密主要包括：甲方的经营战略、市场分析报告、营销策略、管理制度、情报信息、广告创意、档案影像资料及财务审计资料等经营信息；甲方的软件开发过程、工程设计图纸、技术数据、技术文档、源程序等技术信息，以及甲方指定的其他保密事项。

10. 乙方承诺在甲方工作期间，对于甲方的商业秘密负有保密责任，未经甲方许可，不随意扩散、复制翻印、携带外出、任意弃置；由于乙方故意或过失引起泄密的，乙方负担全部责任，并向甲方赔偿由此造成的损失；同时，乙方承诺，在乙方离开后，未经甲方许可，不会公开和向任何第三方泄露甲方的商业秘密。

11. 订立本协议所依据的法律、法规、规章制度发生变化，本协议应变更相关内容。

12. 本协议的变更经甲乙双方协商同意并以书面形式确认后，方可生效。

13. 经甲乙双方协商一致，本协议可以解除。

14. 乙方提出提前解除本协议，应至少提前＿＿＿＿＿日以书面形式通知甲方。

续表

15. 本协议期满后，协议自动终止。甲方不向乙方支付任何补偿金。

16. 本协议期间，双方协商一致解除协议的，甲方不向乙方支付任何补偿金。

17. 甲乙双方因履行本协议发生的争议，应协商解决；协商不成，任何一方可自争议发生之日起一年内向甲方所在地人民法院提起诉讼。

18. 本协议中未作约定的事项，由双方另行协商解决。

19. 本协议一式两份，甲乙双方各执一份，效力相同。

甲方（盖章）：　　　　　　　　　　乙方（签字）：

签订日期：_____年____月____日　　　签订日期：_____年____月____日

经验分享 Human Resources

注意退休人员的适用法律

退休人员与企业建立劳动关系时一定要注意，这种关系不再属于《劳动法》《劳动合同法》范畴，而是属于《民法通则》《合同法》范畴。因为退休人员已经不属于劳动者了。除了不需要再缴纳社会保险、住房公积金以外，劳动条件、劳动保护、劳动报酬等均需要双方协商，以书面形式约定。如果双方出现纠纷，需要到法院进行诉讼，而不是劳动仲裁。

11.6　管理兼职人员

兼职人员指在其他单位工作并在本企业兼职的人员。原则上，兼职人员的社会保险、住房公积金在原单位缴纳或自行缴纳，否则，企业必须为其缴纳社会保险和住房公积金。

聘用兼职人员，一般与兼职人员签订兼职协议书（见表11-7），同时，为了明确社会保险、住房公积金的缴纳义务，会要求兼职人员出具承诺书（见表11-8）。

表 11-7   **兼职协议书**

甲　　　　方：＿＿＿＿＿＿＿＿＿　乙　　　　方：＿＿＿＿＿＿＿＿＿
法定代表人：＿＿＿＿＿＿＿＿＿　性　　　　别：＿＿＿＿＿＿＿＿＿
授权代表人：＿＿＿＿＿＿＿＿＿　身份证号码：＿＿＿＿＿＿＿＿＿
甲 方 地 址：＿＿＿＿＿＿＿＿＿　住　　　　址：＿＿＿＿＿＿＿＿＿

　　鉴于乙方现在属于兼职人员，甲乙双方经平等协商，共同决定建立劳务关系。因此，本协议不在《中华人民共和国劳动法》调整范围内，而在《中华人民共和国民法通则》的调整之中。甲乙双方在明确这一法律关系的基础上，根据《中华人民共和国民法通则》《中华人民共和国合同法》等有关法律法规，甲乙双方本着友好合作的精神，在自愿、平等、协商一致的基础上，签订本协议。

一、协议类型与期限

　　第一条　本协议类型为＿＿＿＿＿＿（以下 2 项中选择 1 项）。

　　类型 1. 有固定期限。类型 2. 以完成一定工作为期限。

　　第二条　本协议生效日期为＿＿＿＿年＿＿月＿＿日。

　　第三条　本协议于＿＿＿＿年＿＿月＿＿日终止。

二、工作内容、劳动报酬及考核办法

　　第四条　乙方的工作内容为：＿＿＿＿＿＿＿＿＿＿＿＿＿＿＿。

　　第五条　甲方有权根据工作需要及乙方的能力与表现，安排和调整乙方的工作。乙方须服从甲方的管理和安排，根据工作职责，按量按质完成本职工作。

　　第六条　甲方按月支付乙方的劳动报酬。

　　第七条　甲方将根据乙方的工作绩效和对甲方的贡献，确定乙方的劳动报酬。甲方按规定的劳动报酬标准和考核办法，计算乙方当期应得薪资。

三、工作时间和休息休假

　　第八条　乙方工作时间为每周不少于＿＿＿个工作日。如遇特殊情况，乙方可以提前通知甲方进行调整。

　　第九条　在工作期间关于工作时间和休息休假的具体规定依据国家和甲方的有关规定执行。

四、劳动保护和劳动条件

　　第十条　甲方为乙方提供必要的劳动条件和劳动工具，制定操作规程、工作规范和劳动卫生制度及其标准。

　　第十一条　乙方应当严格遵守甲方的各项劳动安全制度，严禁违章作业，防止劳动过程中的事故，减少职业危害。

五、保险福利待遇

　　第十二条　乙方的社会保险及其他福利由乙方所在单位承担或自行解决。

　　第十三条　乙方在协议生效期间患病或非工作时间发生意外伤害所发生的费用，由乙方自行承担。

续表

六、劳动纪律

第十四条 乙方应严格遵守国家法律法规及甲方的规章制度。

第十五条 乙方违反劳动纪律和甲方规章制度，甲方有权根据规章制度进行处理，直至解除本协议。

第十六条 甲方可根据业务经营和管理需要修改、补充有关规章制度，规章制度经正式渠道（内部网、公告栏、邮件等）发布，乙方应一并遵守。

七、职务发明创造与保密条款

第十七条 乙方为完成甲方所安排的工作或主要是利用甲方的物质条件、工作场所做出的技术发明、创新及其他知识产权，所有权及专利申请权归属甲方，在工作范围内的一切经营和服务所得归甲方所有。

第十八条 甲方的商业秘密主要包括：甲方的经营战略、市场分析报告、营销策略、管理制度、情报信息、广告创意、档案影像资料及财务审计资料等经营信息；甲方的软件开发过程、工程设计图纸、技术数据、技术文档、源程序等技术信息，以及甲方指定的其他保密事项。

第十九条 乙方承诺在甲方工作期间，对于甲方的商业秘密负有保密责任，未经甲方许可，不随意扩散、复制翻印、携带外出、任意弃置；由于乙方故意或过失引起泄密的，乙方负担全部责任，并向甲方赔偿由此造成的损失；同时，乙方承诺，在乙方离开后，未经甲方许可，不会公开和向任何第三方泄露甲方的商业秘密。

第二十条 乙方承诺在甲方工作期间，未经甲方许可，不会自营或为他人经营与甲方同类的业务，不会在与甲方有竞争关系的其他单位从事相同或类似职位的兼职工作，否则，甲方有权对乙方及其兼职单位提起诉讼。

八、本协议的变更、解除、终止、续订

第二十一条 订立本协议所依据的法律、法规、规章制度发生变化，本协议应变更相关内容。

第二十二条 订立本协议所依据的客观情况发生重大变化，致使本协议无法履行时，经甲乙双方协商同意，可以变更本协议的相关内容。

第二十三条 本协议的变更经甲乙双方协商同意并以书面形式确认后，方可生效。

第二十四条 经甲乙双方协商一致，本协议可以解除。

第二十五条 乙方有下列情形之一的，甲方可以解除本协议，并不向乙方支付任何补偿金：

1. 在工作期间，不能保质保量完成本职工作，被证明不符合胜任条件的；

2. 严重违反甲方规章制度的；

3. 严重失职、营私舞弊，对甲方利益造成重大损害的；

4. 乙方同时与甲方有竞争关系的用人单位建立聘用关系、对完成本单位的工作造成严重影响，或者经甲方提出，拒不改正的；

5. 被依法追究刑事责任的。

第二十六条 乙方提出提前解除本协议，应至少提前__15__日以书面形式通知甲方，如乙方担任重要职务或正在执行重要项目的，应提前__30__日以书面形式通知甲方，但乙方给甲方造成经济损失尚未处理完毕的除外。

乙方提出提前解除本协议，未履行提前通知义务，造成单位工作无法正常开展导致损失的，乙方将根据因此给甲方造成的损失程度承担相应的赔偿责任。

第二十七条 有下列情况之一的，乙方可以随时通知甲方解除本协议：

1. 甲方未按照协议约定提供劳动报酬的；

2. 甲方为乙方提供的工作条件和环境不能保障乙方工作特殊要求的；

3. 甲方以暴力、威胁或者非法限制人身自由的手段强迫劳动者劳动的，或者甲方违章指挥、强令冒险作业危及劳动者人身安全的，乙方可以立即解除本协议。

九、经济补偿与赔偿

第二十八条 本协议期满后，协议自动终止。甲方不向乙方支付任何补偿金。

第二十九条 本协议期间，双方协商一致解除协议的，甲方不向乙方支付任何补偿金。

第三十条 乙方违反本协议约定的条件解除本协议或违反协议约定的保守商业秘密事项，对甲方造成经济损失的，应按损失的程度依法承担赔偿责任。

第三十一条 甲方因违反第二十六条致使乙方提出要求解除本协议的，甲方除应向乙方支付尚欠的劳动报酬外，还应向乙方支付一个月劳动报酬的经济赔偿金。

第三十二条 乙方离职时，应按照甲方规定履行工作交接的义务。乙方不履行工作交接义务给甲方造成损失和不良后果，甲方有权要求由乙方承担相应的赔偿责任。

第三十三条 乙方离职手续办理完毕后，如另行发现乙方在甲方工作期间给甲方造成损失的，甲方仍有权要求乙方全额赔偿甲方损失，否则，甲方有权追究其经济和法律责任。

十、争议处理

第三十四条 甲乙双方因履行本协议发生的争议，应协商解决；协商不成，任何一方可自争议发生之日起一年内向甲方所在地人民法院提起诉讼。

十一、其他条款

第三十五条 本协议中未作约定的事项，由双方另行协商解决。

第三十六条 本协议一式两份，甲乙双方各执一份，效力相同。

十二、当事人约定的其他内容

第三十七条 甲乙双方约定本协议增加以下内容：

乙方郑重声明，乙方已熟知本协议及附件所约定的甲乙双方的权利和义务，乙方将严格按照甲方的规章制度执行。

甲方（盖章）：_____　　　　乙方（签字）：_____

签订日期：_____年___月___日　　　　签订日期：_____年___月___日

表 11-8   **兼职人员承诺书**

本人＿＿＿＿＿＿（身份证号：＿＿＿＿＿＿＿＿＿）郑重承诺，本人已在＿＿＿＿＿＿＿＿＿＿
＿＿＿＿＿＿＿＿＿（单位名称）缴纳社会保险（养老保险、医疗保险、失业保险、工
伤保险、生育保险）和住房公积金，因此，本人自愿要求＿＿＿＿＿＿＿＿＿＿＿＿＿＿
＿＿＿＿＿＿＿＿＿公司不再为本人缴纳社会保险及住房公积金，本人也愿意承担由
此造成的法律责任与经济损失。此外，如贵公司在进行社会保险和住房公积金核查或审
计时需要本人提供相关材料的，本人愿意积极配合提供。

特此承诺！

承诺人：＿＿＿＿＿＿＿＿＿

日　　期：＿＿＿＿＿＿＿＿＿

H 经验分享
uman Resources

注意兼职人员的现劳动关系

兼职人员与企业建立劳动关系时一定要注意，一方面，要确认兼
职人员是否缴纳了社保、公积金，如果缴纳了一定要兼职人员出
具相关证明或提交承诺书。另一方面，要注意《劳动合同法》第
九十一条规定："用人单位招用与其他用人单位尚未解除或者终
止劳动合同的劳动者，给其他用人单位造成损失的，应当承担连带赔偿
责任。"

11.7 非全日制人员

　　非全日制人员，指以小时计酬为主，劳动者在同一用人单位一般平均每
日工作时间不超过四小时，每周工作时间累计不超过二十四小时的人员，与
非全日制人员签订的聘用协议书见表 11-9。

表 11-9 **非全日制聘用协议书**

甲　　　　方：	乙　　　　方：
法定代表人：	性　　　别：
授权代表人：	身份证号码：
甲方地址：	住　　　址：

经甲、乙双方协商一致，达成如下协议：

一、本合同于　年 月 日生效。

二、乙方同意根据甲方工作需要，担任以下工作：

乙方应当根据甲方的要求按时按质按量完成工作任务，否则，给甲方造成损失的，乙方应当承担赔偿责任。

三、乙方在甲方的工作时间原则上平均每日不超过四小时，每周不超过二十四小时，具体按以下约定执行：

四、乙方完成本合同约定的工作内容后，甲方应当以货币形式向乙方支付劳动报酬，劳动报酬标准为每小时＿＿＿元。甲方向乙方支付劳动报酬的周期不得超过 15 日。

五、甲方向乙方支付的工资中包含甲方支付的小时劳动报酬、应为乙方缴纳的社会保险费和乙方本人应缴纳的社会保险费及风险补偿金。支付劳动报酬的其他约定：

六、甲方应当按照北京市工伤保险的规定为乙方缴纳工伤保险费。工伤保险之外的其他社会保险由乙方自行办理缴纳手续。

七、甲方根据生产岗位的需要，按照国家有关劳动安全、卫生的规定对乙方进行安全卫生教育和职业培训，并为乙方提供以下劳动条件：

八、甲方应当建立、健全职业病防治责任制，加强对职业病防治的管理，提高职业病防治水平。

九、在乙方就职期间，乙方应当严格遵守甲方的劳动纪律和规章制度，若有违反给甲方造成损失的，乙方应当承担相应的赔偿责任。

十、乙方与甲方履行本协议期间，甲方不限制乙方与其他用人单位建立非全日制劳动关系，但是不得影响本合同的履行。同时乙方应当保证其签订或履行本合同没有违反而且将不会违反对乙方有约束力的任何其他合同或协议，也不会违反对其有约束力的任何其他第三方的规定。

十一、经协商一致，甲乙双方可变更本协议。变更本协议的，甲乙双方应及时签署协议变更书。

续表

> 十二、甲乙任何一方若要终止本协议，均需要提前 15 日以书面形式通知对方。乙方须配合甲方办理好相应的工作交接。终止用工，甲方不向乙方支付经济补偿金。
>
> 十三、甲方违反本协议的约定支付劳动报酬或支付的小时工资低于北京市非全日制从业人员小时最低工资标准的，乙方有权向劳动保障监察部门举报。
>
> 十四、双方因履行本协议发生争议，当事人可以向甲方劳动争议调解委员会申请调解；调解不成的，可以向劳动争议仲裁委员会申请仲裁。当事人一方也可以直接向劳动争议仲裁委员会申请仲裁。
>
> 十五、本协议未尽事宜由甲乙双方协商确定，协商不一致的按照国家或北京市的有关规定执行。
>
> 十六、本协议一式两份，甲乙双方各执一份，自双方签署之日起生效。
>
> 甲方（盖章）：　　　　　　　　　乙方（签字）：
>
> 签订日期：＿＿＿＿年＿＿月＿＿日　　签订日期：＿＿＿＿年＿＿月＿＿日

Human **R**esources 经验分享

非全日制人员注意事项

企业聘用非全日制人员需要注意两点：一是非全日制的人员执行小时最低工资标准，这个标准地方人力资源与社会保障局会定期发布文件；二是非全日制人员薪资发放周期为 15 天，这与大多数企业薪资发放的周期是不一致的。

11.8 管理劳务人员

劳务人员指该类人员通过自行管理、自行组织生产劳动，自行安排工作进度来完成劳务合同约定的工作，获取劳务报酬。劳务人员适用《民法通则》《合同法》等法律法规，与劳务人员签订的聘用协议书见表 11-10。

表 11-10 　　　　　　　　　　　**劳务人员聘用协议书**

甲　　　方：	乙　　　方：
法定代表人：	性　　　别：
授权代表人：	身份证号码：
甲方地址：	住　　　址：

经甲、乙双方协商一致，达成如下协议：

一、聘用期限：

自＿＿＿＿年＿＿月＿＿日起至＿＿＿＿年＿＿月＿＿日止，共＿＿＿＿年＿＿月。

二、乙方应服从甲方工作安排，在聘用期内履行以下义务：

1. 工作岗位：

2. 职责范围和要求：

3. 遵守国家的法律法规、甲方的各种规章制度，接受甲方的安全教育、遵守安全规章制度和操作规程，确保安全生产。

三、乙方完成本合同规定的岗位工作职责后，甲方应向乙方支付以下待遇：

1. 甲方以现金的形式按＿＿＿＿支付乙方工资，工资标准为人民币＿＿＿＿元／＿＿＿＿；

2. 甲方支付乙方的其他待遇；

3. 甲方支付乙方必要的劳保用品和工作工具。

四、出现以下情况之一，甲方可以随时解除本合同：

1. 乙方违反国家法律法规和甲方规章制度，情节较为严重的；

2. 甲方因工作原因必须撤岗，又无法重新安排工作的；

3. 乙方因病或非因工负伤，医疗期满后，不能从事原岗位工作的；

4. 按照国家有关规定和＿＿＿＿＿＿有关条款可以解除劳动合同的。

五、有关乙方聘用期间的因病、非因工负伤、因工负伤等保险福利待遇按相关法律法规执行。

六、有关因本合同的履行而产生的争议由甲方人事部门和工会组织共同负责调解；调解不成，任何一方可提请＿＿＿＿＿＿仲裁机构进行仲裁。

七、甲、乙双方违反本合同，按国家现行有关规定承担违约责任。

八、其他甲、乙双方商定的事项：

九、本合同经甲、乙双方签（章）后生效，合同期限届满，合同即行终止，甲乙双方自然终止劳动关系。

十、本合同一式两份，甲乙双方各一份。

甲方（盖章）：　　　　　　　　　　　乙方（签字）：

签订日期：＿＿＿＿年＿＿月＿＿日　　　签订日期：＿＿＿＿年＿＿月＿＿日

11.9 | 管理派遣人员

劳务派遣员工指与企业签订劳务派遣合同的劳务输出单位向公司派遣的人员，该类人员与劳务输出单位签订劳动合同，建立劳动关系。

11.9.1 劳务派遣供应商选择

劳务派遣供应商必须是按法律规定正规注册的专业从事劳务派遣的公司，根据劳动合同法相关规定，经营劳务派遣业务的公司应当具备下列条件：

1. 注册资本不得少于二百万元人民币；

2. 有与开展业务相适应的固定的经营场所和设施；

3. 有符合法律、行政法规规定的劳务派遣管理制度；

4. 法律、行政法规规定的其他条件。

经营劳务派遣业务，应当向劳动行政部门依法申请行政许可；经行政许可的，依法办理相应的公司登记。未经许可的，任何单位和个人不得经营劳务派遣业务。

11.9.2 劳务派遣供应商需要承担的责任

劳务派遣供应商与劳务人员建立劳动关系，劳务派遣供应商需要承担相应的责任，主要有：

1. 订立劳动合同。劳动合同中除了正常内容之外，还应当载明被派遣劳动者的用工单位以及派遣期限、工作岗位等情况；

2. 订立的劳动合同必须是两年以上的固定期限劳动合同；

3. 按月支付劳动报酬，被派遣劳动者在无工作期间，劳务派遣供应商应当按照所在地人民政府规定的最低工资标准，向其按月支付劳动报酬；

4. 将劳务派遣协议的内容告知被派遣劳动者；

5. 不得克扣劳务派遣使用单位按照劳务派遣协议支付给被派遣劳动者的

劳动报酬；

6. 不得向被派遣劳动者收取任何费用；

7. 劳务派遣供应商可以依照劳动法、劳动合同法有关规定，与劳务派遣人员解除劳动合同。

11.9.3 劳务派遣人员使用单位需要承担的责任

劳务派遣人员使用单位需要与劳务派遣供应商订立劳务派遣协议，劳务派遣协议应当约定派遣岗位和人员数量、派遣期限、劳动报酬和社会保险费的数额与支付方式以及违反协议的责任。需要注意的是，劳务派遣人员使用单位应当根据工作岗位的实际需要与劳务派遣供应商确定派遣期限，不得将连续用工期限分割订立数个短期劳务派遣协议。

此外，劳务派遣人员使用单位需要承担的责任包括：

1. 执行国家劳动标准，提供相应的劳动条件和劳动保护；

2. 告知被派遣劳动者的工作要求和劳动报酬；

3. 支付加班费、绩效奖金，提供与工作岗位相关的福利待遇；

4. 对在岗被派遣劳动者进行工作岗位所必需的培训；

5. 连续用工的，实行正常的工资调整机制；

6. 跨地区派遣人员，被派遣劳动者享有的劳动报酬和劳动条件，按照劳务派遣使用单位所在地的标准执行；

7. 被派遣劳动者享有与劳务派遣使用单位的劳动者同工同酬的权利；

8. 被派遣劳动者有权在劳务派遣使用单位或者劳务派遣供应商处依法参加或者组织工会，维护自身的合法权益；

9. 不得将被派遣劳动者再派遣到其他用人单位；

10. 不得向被派遣劳动者收取任何费用；

11. 劳务派遣人员使用单位可以依据劳动法、劳动合同法相关规定及劳务派遣协议约定将劳动者退回劳务派遣供应商。

11.10 特殊员工法规

与特殊人员相关的法律法规主要包括两个方面："非全日制用工"以及劳务派遣用工形式的"补充性"问题。

1. 企业必须注意"非全日制用工"相关法律条款。

国家《劳动合同法》相关条款

第六十八条 非全日制用工，是指以小时计酬为主，劳动者在同一用人单位一般平均每日工作时间不超过四小时，每周工作时间累计不超过二十四小时的用工形式。

第六十九条 非全日制用工双方当事人可以订立口头协议。

从事非全日制用工的劳动者可以与一个或者一个以上用人单位订立劳动合同；但是，后订立的劳动合同不得影响先订立的劳动合同的履行。

第七十条 非全日制用工双方当事人不得约定试用期。

第七十一条 非全日制用工双方当事人任何一方都可以随时通知对方终止用工。终止用工，用人单位不向劳动者支付经济补偿。

第七十二条 非全日制用工小时计酬标准不得低于用人单位所在地人民政府规定的最低小时工资标准。

非全日制用工劳动报酬结算支付周期最长不得超过十五日。

应用解析

按小时计的临时工作人员在实践操作中需要注意，不得违反小时最低工资标准、不需要缴纳社保、不需要支付经济补偿、工资支付周期不能长于15天。

2. 关于员工派遣相关的法律法规，需要注意劳务派遣用工形式的"补充性"问题。

国家《劳务派遣暂行规定》相关条款

第三条 用工单位只能在临时性、辅助性或者替代性的工作岗位上使用被派遣劳动者。

前款规定的临时性工作岗位是指存续时间不超过 6 个月的岗位；辅助性工作岗位是指为主营业务岗位提供服务的非主营业务岗位；替代性工作岗位是指用工单位的劳动者因脱产学习、休假等原因无法工作的一定期间内，可以由其他劳动者替代工作的岗位。

用工单位决定使用被派遣劳动者的辅助性岗位，应当经职工代表大会或者全体职工讨论，提出方案和意见，与工会或者职工代表平等协商确定，并在用工单位内公示。

第四条 用工单位应当严格控制劳务派遣用工数量，使用的被派遣劳动者数量不得超过其用工总量的 10%。

前款所称用工总量是指用工单位订立劳动合同人数与使用的被派遣劳动者人数之和。

计算劳务派遣用工比例的用工单位是指依照劳动合同法和劳动合同法实施条例可以与劳动者订立劳动合同的用人单位。

应用解析

在实践操作中需要注意，劳务派遣只能在临时性、辅助性、替代性三类岗位上实施，而且还需要注意劳务派遣用工不得超过员工总量 10% 的比例。

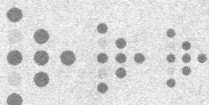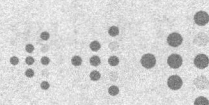

第12章

人事信息

12.1 | HR 应知应会

人事信息工作模块是人力资源管理中员工关系管理的基础工作模块之一，也是 HR 初级从业人员应掌握和熟练应用的工作模块（具体见表 12-1 "人事信息"要点、技能、流程、图表）。人事信息工作模块共包括 5 项工作要点，具体细分为 12 项关键技能，需要掌握 1 个关键流程和 6 个关键图表。

表 12-1　　　"人事信息"要点、技能、流程、图表

序号	5 项工作要点	12 项关键技能	1 个关键流程	6 个关键图表
1	理解人事信息	理解人事信息管理		
2	建立人事信息	明确人事信息来源 明确人事信息内容 建立电子人事信息 建立书面人事档案	在司档案建立流程	人事信息主要内容表 在职员工名册 离职员工名册
3	更新人事信息	更新人事信息条件 更新人事信息内容 明确在司档案变更		
4	使用人事信息	明确人事信息反馈 明确在司档案借阅		在司档案查阅登记表 在司档案外借登记表
5	分析人事信息	掌握人事信息汇总 掌握人事信息分析		人力资源状况汇总分析报告（样本）

12.2 | 实战案例分析

实景重现

F公司成立了三年多，由于忙于业务发展，公司大多数人是业务人员，财务人员是会计公司的兼职会计。另外，只配置了一名综合服务人员，负责公司所有的业务辅助和内部服务的事务，包括合同管理、产品出库、行政、人事、后勤等。该人员由于事务比较多，在人事管理上比较粗放，甚至基本的人事信息也不是很完整。随着业务发展，F公司招聘了一些新员工，但不久部分员工就离职了，由于管理不到位，很多员工离职时都没有办理离职手续，或者办理了离职手续后，相关资料也没有归档。总经理想看看哪些员工离职了、为什么离职，助理整理了几天都没有报上结果。此外，F公司有一个融资的机会，当投资方来公司做尽职调查时，F公司由于比较忽视这方面的管理，无法提供完整的人员信息，加上其他的因素，对方最终放弃了投资。

案例分析

在公司的日常管理中，尤其是人力资源管理中，人事信息是比较基础的管理环节。很多公司认为这是可有可无的，但实际上，人事信息的管理是其他管理的前提，同时，人事信息的管理可以为企业管理者提供人力资源方面的决策依据。此外，人事信息管理的规范化也是管理整体规范中的重要工作，对于企业对外合作、股权变更、投融资等均有一定的辅助作用。

12.3 | 理解人事信息

人事信息客观、真实地记录员工的信息，是人力资源管理的基础。通过人事信息，可以真实地记录人力资源变化情况，保证基本人事信息的完整性、适时性与准确性。可以提供及时、准确的反馈，以保证基本人事信息的共享。同时，进行阶段性的汇总分析，可以为企业管理决策提供依据。

人事信息管理主要分为信息建立、信息更新、信息使用、信息分析四方面的工作（见图 12-1）。

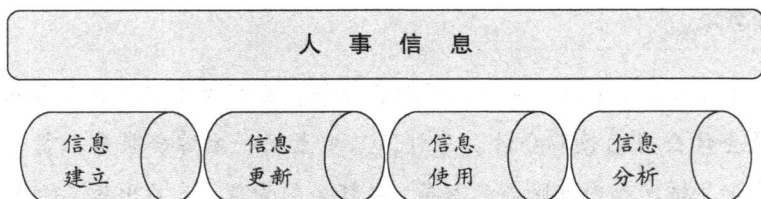

图 12-1　人事信息管理主要工作内容

12.4 | 建立人事信息

12.4.1　人事信息的来源

人事信息来源于人力资源管理的各个环节，包括：

1. 新员工报到

员工填写的《员工登记表》、签订的《劳动合同书》、提供的各种证件、离职证明、体检证明、照片等。

2. 员工离职

员工提交的离职申请（如辞职信）、员工办理的《离职审批 / 交接表》等。

3. 员工调动

员工提交的调动申请、员工办理的《调动审批表》等。

4. 员工转正

员工提交的转正申请、员工办理的《转正审批表》等。

5. 人事任免

公司正式发布的人事任命和免职文件。

6. 组织结构

公司正式发布的组织结构文件。

7. 其他

其他与人事信息相关的文件。

12.4.2　人事信息的主要内容

人事信息的主要内容见人事信息主要内容表（表 12–2）。

表 12–2 　　　　　　　　　　　**人事信息主要内容表**

类　别	名称	说明	格式
员工所属公司与部门	公司	集团下属的各分公司 / 子公司	文字
	一级部门	各分公司 / 子公司下属一级部门	文字
	二级部门	各分公司 / 子公司下属二级部门	文字
员工个人基本信息	姓名	姓名须与身份证上所示姓名一致，姓名字与字之间无须空格	文字
	性别	男 / 女	文字
	出生日期	须具体到年月日	1993 年 8 月 15 日
	年龄	年龄的算法为（当前日期 – 出生日期）/365	2 位数字
员工教育信息	最后学历	最后学历——博士、硕士、本科、大专、高中、职高、中专、初中、小学	文字
	毕业院校	毕业院校校名要与本人的学历学位证书一致	文字
	专业	所学专业名称要与本人的学历学位证书一致	文字
	毕业时间	具体到月	2018 年 7 月
员工职称信息	职称	以本人提供的职称证书为准，职称变更要由本人提供相关书面证明	文字
员工户口信息	籍贯	以省 / 自治区 / 直辖市为单位	文字
	户口所在地	以省 / 自治区 / 直辖市为单位	文字
	身份证号码	须与员工提供的身份证所示号码一致	18 位数字

类　别	名称	说明	格式
员工政治面貌信息	政治面貌	中共党员、中共预备党员、民主党派等	文字
员工档案信息	个人档案存放地	档案所在地名称	文字
	存放方式	公司存档、个人存档、原单位存档、档案自带、无档案	文字
员工入职信息	入职时间	须具体到年月日	2019 年 8 月 15 日
	司龄	计算到月：(当前日期 – 进公司时间) /30	数字
员工职位信息	职位	以公司任免文件或劳动合同书为准	文字
	职位属性	管理、技术、销售、职能服务、生产	文字
员工劳动合同信息	身份	试用、正式、实习、兼职、退休返聘、非全日制、劳务、派遣、其他	文字
	劳动合同起	须具体到年月日	2019 年 8 月 15 日
	劳动合同止	须具体到年月日	2020 年 8 月 15 日
	剩余劳动合同期限	计算到月：(劳动合同终止日期 – 当前日期) /30	2 位数字
员工录用方式信息	录用方式	网上招聘、人才交流大会、报刊、内部推荐、猎头、职介中心等	文字
其他	备注	可根据公司的实际情况添加相应备注	文字 / 数字

12.4.3　电子人事信息的主要格式

电子人事信息经整理一般形成在职员工名册（见表 12-3）和离职员工名册（见表 12-4）。

表 12-3   在职员工名册

序号	公司	部门／分支	姓名	性别	出生年月	年龄	职位	职位属性	最后学历	毕业学校	专业	毕业时间	职称	籍贯	户口	身份证号码	政治面貌	档案所在地	存档方式	进公司时间	身份	合同起	合同讫	剩余合同期限	录用方式	备注

表 12-4   离职员工名册

序号	公司	部门／分支	姓名	离职时间	离职方式	离职去向	其他与在职人员名册一致

人事信息与 E-HR 系统的应用

H 经验分享
uman Resources

在人事信息的建立环节，可以看出其涉及的 HR 管理环节比较多，信息量比较大，如果能有一套信息化的系统，不仅会大大减少工作量，还能保证工作的准确性。大多使用 E-HR 系统的企业是出于从人事信息管理的需要出发购买的，甚至在一些 OA 软件产品和财务软件产品中也带了部分人事信息模块。对于人员规模达到一定程度的企业，如人员规模在 500 人以上时，E-HR 系统会大大提高 HR 管理水平，尤其是人事信息管理的工作效率。对于绝大多数中小企业来说，人事信息管理还处在靠人工用 Excel 解决问题的阶段。此外，即使是有了 E-HR 系统，也要全面理解人事信息的主要内容及格式要求，这样才能为之后企业发展 E-HR 系统的设计与上线做好基础准备工作。

12.4.4　在司档案的建立

在司档案的建立流程见图 12-2 所示。

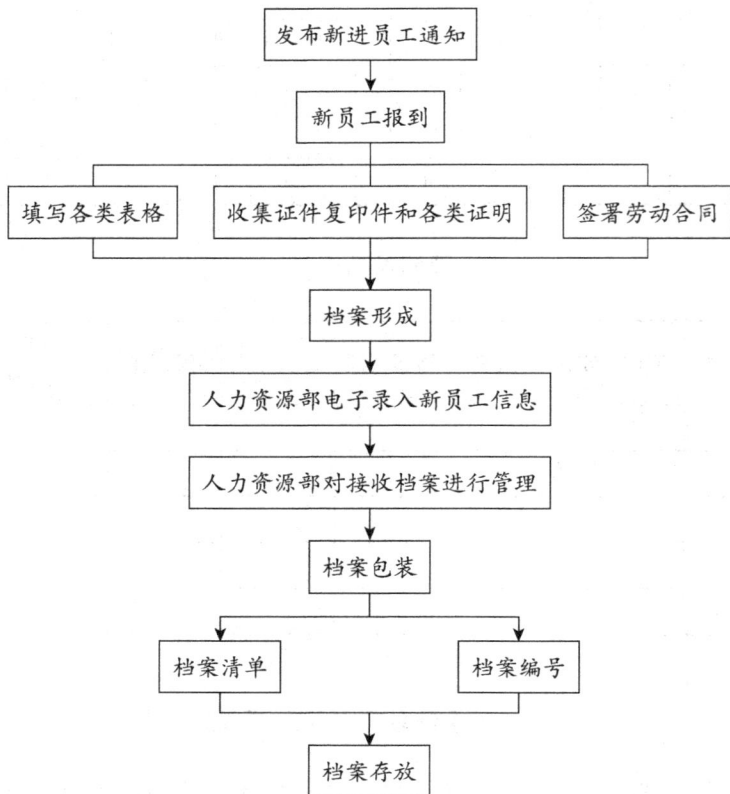

图 12-2　在司档案建立流程

在司档案的主要内容包括：

1.必备性内容

（1）员工登记表；

（2）个人简历；

（3）面试意见表；

（4）劳动合同；

（5）个人证件复印件：身份证复印件、学历学位证书复印件、职称证书复印件；

（6）体检证明：由新员工本人提供近半年的医院体检证明；

（7）离职证明：由新员工本人提供离职单位开出的离职证明；

（8）彩色照片：由新员工本人提供5张一寸彩色免冠照片。1张贴于员工登记表，1张用于制作工卡，1张用于缴纳社会保险，另外2张单独存放以备急用。

2.选择性内容（可根据员工的实际情况进行选择）

（1）个人其他证件复印件（如获奖证书、结婚证、暂住证、就业证等）；

（2）与公司签订的特殊协议；

（3）个人技能表；

（4）其他。

3.其他内容随着员工在司情况逐渐增加

（1）薪资档案；

（2）福利档案；

（3）培训档案；

（4）绩效档案；

（5）考勤档案；

（6）其他。

H 经验分享
uman Resources

人事档案保管方式的建议

人事档案存档是指档案袋内装有员工的所有档案文件。个人档案形式存档分为在职员工个人档案库和离职员工个人档案库。人事档案用标准档案袋包装，档案袋封面贴有卷内文件清单和姓名编号。在职员工档案以员工姓氏的第一个字母顺序进行排序存放。离职员工档案以年为单位立卷存放；同时，建议建立原始档案分布图，以便于查找，分布图以平面图形式描述档案实际存放的具体位置。

12.5 | 更新人事信息

12.5.1　人事信息更新的条件

（1）公司或各级部门正式发文公布；

（2）相关手续已办理结束；

（3）变动已实际发生并经书面确认。

12.5.2　人事信息更新的内容

（1）公司组织结构调整：包括公司名称变更、部门名称变更、员工所属关系变更等。

（2）员工调动：包括员工所属公司 / 部门变更、职位 / 职系变更等。

（3）员工职位变更。

（4）员工个人基本信息变更：包括学历变更、户口变更、档案变更、职称变更、身份证号码变更、政治面貌变更等。

（5）员工劳动合同变更：包括劳动合同续签、任职职位 / 部门变更、主体变更。

（6）其他信息变更。

12.5.3　在司档案变更

在司档案卷内需要增加的文件一般包括：

1. 考勤记录：月底，考勤记录员转交的考勤记录表归档。

2. 绩效考核记录：以季度、年度为单位考核负责人转交上周期员工绩效考核记录表归档。

3. 任命发文：适时归档。

4. 劳动合同：适时归档。

5. 学历学位证书复印件：当员工的学历学位发生改变时，由员工本人提供新的学历学位证书。学历学位证书的复印件适时归档。

6. 职称证书复印件：当员工的职称发生改变时，由员工本人提供职称证书。职称证书的复印件适时归档。

在司档案卷内需要减少的文件一般包括：

1. 失效证件：当员工的某些证件失效时，员工本人提供相关证明，由人力资源信息部负责人进行审核后，将档案袋中的失效证件去除。

2. 其他文件：当员工的基本情况发生改变时，员工本人提供相关证明，由人力资源信息部负责人审核后，进行在司档案的更新。

经验分享
Human Resources

保证在司人事档案的有效性

在司档案建立后比较难的工作是保证其有效性，一方面由于人是变化的，如住址变化、学历提升、新培训证书等；另一方面是内部管理产生的变化，如劳动合同续签、内部调岗、薪资变更、绩效考核等。当员工数量不断增加时，在司档案管理的难度也在增加，有效的办法是定期更新，如每年做一次员工基本信息更新。其他资料可以定期更新，如季度考核结束后一次性更新，以提高工作效率。

12.6　使用人事信息

12.6.1　人事信息反馈的目的

（1）沟通信息；

（2）为员工提供适时服务；

（3）对员工进行及时管理。

12.6.2 人事信息反馈的方式

（1）以 E-mail 反馈为主；

（2）辅以书面 / 口头沟通方式。

12.6.3 人事信息反馈的时间与内容

（1）适时反馈

包括：新员工入职信息（内容：姓名、部门、职位、直属上级、报到日期、工卡号、个人简单简历）、在职员工离职信息（内容：姓名、部门、职位、直属上级、离职日期、工卡号、离职原因、离职手续办理情况）、在职员工调动信息（内容：姓名、原任职部门、原任职职位、原直属上级、调往部门、调动后职位、调动后直属上级、调动日期、工卡号、调动原因、调动手续办理情况。）、劳动合同信息（内容：姓名、部门、职位、类别、合同起、合同讫、相关注意事项）。

（2）阶段性反馈

包括：公司月人员变动情况（内容：在职员工情况、新员工情况、离职员工情况、转正员工情况、调动员工情况；周期：上月至本月）、公司季度人员变动情况（内容：在职员工情况、新员工情况、离职员工情况；周期：以季度为单位。）、公司年人员变动情况（内容：在职员工情况、新员工情况、离职员工情况；周期：以年为单位）。

12.6.4 基本人事信息反馈的范围

（1）适时反馈

包括：职能管理人员（行政、人力资源、信息管理、质量保证、总经理办等）、财务部相关人员（员工所属分公司 / 子公司 / 事业部的管辖财务出纳、会计、物资管理员、经理）、员工所在部门管理人员及接口人（员工直属上级、上上级、事业部 / 分公司总经理、人力资源管理接口人 / 部门助理）。

（2）阶段性反馈

包括：月人员变动情况（总经理、人力资源主管副总经理、事业部 / 分公司总经理、财务主管）、季度 / 年度人员变动情况（总经理、人力资源主管副总经理、事业部 / 分公司总经理）。

12.6.5　在司档案使用

在司档案的查阅使用，由申请查阅者填写档案查阅登记表（见表 12-5），注明查阅的对象、查阅的内容、查阅的理由、查阅时间等情况，由档案管理人员批准，方可进行查阅。查阅人归还档案时，档案管理人员及时检查归还档案是否完整。

表 12-5　　　　　　　　　　在司档案查阅登记表

序　号	借阅人	查阅对象	查阅内容	查阅理由	查阅时间

在司档案的外借使用由借阅人填写档案外借登记表（见表 12-6），注明外借的对象、外借的内容、外借的理由、外借的时间、外借的材料是否需要复印以及复印份数等情况，借阅人签字后，由档案管理人员批准后，方可借出。借阅人归还档案时，注明归还日期，档案管理人员及时检查归还档案是否完整。

表 12-6　　　　　　　　　　在司档案外借登记表

序　号	借阅人	外借对象	外借内容	外借理由	借出日期	归还日期

12.7 分析人事信息

12.7.1 人事信息汇总分析的时间

（1）按月汇总分析：周期（上月 1 日至上月 30/31 日）。

（2）按季汇总分析：周期（1-3 月、4-6 月、7-9 月、10-12 月）。

（3）按年汇总分析：周期（1-12 月）。

12.7.2 人事信息汇总分析的内容

（1）在职人员情况

包括：人员总数量及与前期变化比较 / 变化趋势与业务变化的符合程度、各部门人员分布比例及各部门人员配比的合理性、性别分布比例及性别配比的合理性、平均年龄及年龄结构的变化趋势、人员属性分布比例及各类人员配比的合理性、人员学历分布比例及人员学历层次配比的科学性、司龄分布比例及人员的稳定性分析。

（2）新进人员情况

包括：新增员工数量、新增员工在各部门的分布比例及与业务发展情况配比的合理性、新增员工的学历分布比例、新增员工的人员属性分布比例及新进人员层次配比的合理性、新增员工招聘渠道的分布比例及人员招聘渠道的有效性、人员招聘成本的合理性。

（3）离职人员情况

包括：离职员工数量及与前期变化比较 / 变化趋势与业务变化 / 公司结构调整的符合程度、离职员工在各部门的分布比例及与本部门业务 / 组织结构调整的符合程度、离职员工的人员属性分布比例、离职员工的司龄分布比例、离职员工离职方式分布比例、离职人员主要离职原因与公司管理的关系、离职人员主要去向与公司业务 / 管理的关系、离职人员成本对公司经营的影响。

（4）调动人员情况

包括：调动员工数量、调动员工在各部门的分布比例、调动员工的人员属性分布比例、调动员工调动原因分布比例。

（5）总结

包括：人员总体数量变化分析（增长率、流动率、离职率）、人员总体结构变化分析、人员总体进出成本分析、存在的问题、解决的方法。

12.7.3　人事信息汇总分析的格式

人力资源状况汇总分析报告（样本）

第一部分　×月在职人员情况

一、人员总数量变化趋势：

1. 总趋势分析：

2. 净增长率：

3. 图示：

二、组织结构情况：

1. 变化情况：

2. 组织结构图：

三、在职员工分布情况：

1. 人员属性分布情况（图示）：

2. 人员学历分布情况（图示）：

3. 人员性别分布情况（图示）：

4. 人员年龄分布情况：平均年龄为____岁；

5. 在司年限分布情况（图示）：

第二部分　×–×月人员流动情况

一、人员流动总体情况：

流动率：离职人数／［（期初人数＋期中人数＋期末人数）／3］。

二、招聘员工（新增）情况：

1. 招聘员工总数量：

2. 招聘员工的部门分布状况：

序号	部门	招聘人数	占总招聘人数的 %
1			
2			
3			
总　计			

3. 招聘员工人员属性及学历分布情况：

学历＼属性	技术	销售	管理	职能服务	总计	占总招聘人数的 %
博　士						
硕　士						
本　科						
大　专						
高　中						
总　计						
占总招聘人数的 %						

4. 招聘员工渠道分布情况：

数量＼渠道	人才交流大会	推荐	网上招聘	其他	总计
人员数量					
占招聘渠道的 %					

三、离职员工（流失）情况：

1. 离职员工总数量：

2. 离职员工的部门分布状况：

序号	部门	离职人数	占总离职人数的 %
1			
2			
3			
总 计			

3. 离职员工在司年限及属性分布情况：

在司年限＼属性	技术	销售	管理	职能服务	生产	总计	占总离职人数的 %
6 个月以下							
6 个月 –1 年							
1–2 年							
2–3 年							
3 年以上							
总 计							
占总离职人数的 %							

4. 离职员工离职方式分布情况：

序号	离职方式	人数	占总离职人数的 %
1	辞退		
2	辞职		
3	合同期满		
4	调动		
5	其他（不明原因）		
总 计			

四、从员工流动中反映出的用人问题：

第三部分 ×–× 月人工成本情况

一、×–× 月人工成本的总体支出情况、人均人工成本：

类 别	×–× 月总额	月均人数	人均月支出
人工成本支出合计			

二、部门薪酬支出比较：

主要责任主体	×–× 月平均人数	×–× 月人工成本支出	人均月人工成本	公司人均月人工成本	偏差

三、人工成本支出效益分析：

1. 单位人工成本实现的销售收入：

2. 单位人工成本实现的净利润：

3. 人工成本占费用的比率：

第四部分 其他

例如，培训、重大员工活动等。

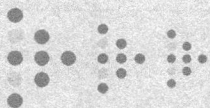

第 **13** 章

制度建设

....

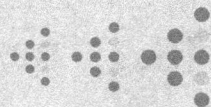

制度建设包括哪些工作内容?

企业需要制定哪些规章制度?

如何制定出规范的规章制度?

规章制度制定遵循什么流程?

企业规章制度如何进行公示?

企业规章制度如何进行修订?

....

13.1 HR 应知应会

制度建设工作模块是人力资源管理中与 HR 规划一样重要的工作模块，往往被 HR 管理人员和企业管理人员所忽视，尤其是对于 HR 管理人员，应注意掌握该工作模块（具体见表 13-1 "制度建设"要点、技能、流程、图表）。制度建设工作模块共包括 4 项工作要点，具体细分为 7 项关键技能，需要掌握 1 个关键流程和 1 个关键图表。

表 13-1　　　　　　　"制度建设"要点、技能、流程、图表

序号	4 项工作要点	7 项关键技能	1 个关键流程	1 个关键图表
1	理解规章制度	理解规章制度管理 明确规章制度分类		企业主要规章制度表
2	制定规章制度	明确规章制度格式 明确规章制度内容 制定规章制度流程	规章制度制定流程	
3	公示规章制度	明确规章制度公示		
4	修订规章制度	明确规章制度修订		

13.2 实战案例分析

实景重现

　　Q 公司成立一年多，人员共计三十多人，公司总经理张总根据公司管理的需要，制定了公司的管理制度，包括销售管理制度、考勤管理制度、报销管理制度等，这些制度主要是张总及副总李总二人制定的。制度制定后，张总组织全公司人员召开了会议，宣布公司的制度正式执行，要求公司全体员工遵守制度，并主要讲解了制度的要点。但是，由于担心保密问题，制度并没有以书面形式发送给员工。不久，员工小王在销售合同处理中，没有获得公司总经理张总的审核通过就给予了客户价格折扣，张总批评小王没有遵守公司的销售管理制度，公司制度要求客户的价格折扣必须经总经理审批后才能执行。小王也很委屈，他认为那天开会中途他接了一个客户的电话，并没有听到制度的要求。张总因为小王违反制度要求，要与小王解除劳动合同，小王却认为公司没有理由解除劳动合同。

案例分析

　　企业的运营管理离不开依据制度进行管理的需求，同时，制度也是约束企业内所有成员、按照统一行为规范工作的保证。制度可以说是企业的宪法，制度的制定、公示、修订等无论在程序上，还是在内容上都有法律性的要求。企业管理者、人力资源管理者一定要明确这些程序和内容的要求，保证企业规章制度的合理性和合法性。在以上这个案例中，企业经营管理者认识到了制定制度的重要性，但是在制度制定过程中，没有依据合理的程序进行，没有征求员工或员工代表的意见。另外，制度制定后没有对全员进行公示，没有以书面形式发送至员工和组织员工进行学习。此外，企业也没有让员工确认已经知悉相关条款。这样，制定出来的制度不仅达不到引导员工行为的作用，而且在程序上也不具有合法性，更不具有对员工的约束力。

13.3 理解制度建设

13.3.1 理解规章制度

制度，也称规章制度，即要求大家共同遵守的办事规程或行动准则。制度在企业管理中具有重要的作用，具体可以体现在以下三个方面：

1.制度具有规范性、合法性。

制度是对工作程序的规范化要求，是岗位责任的法规化要求，同时，制度也是管理方法科学化的体现。制度的制定必须以国家和地区的政策、法律、法令为依据。制度本身要有程序性，为人们的工作和活动提供可供遵循的依据。

2.制度具有约束性、指导性。

制度对于什么样的人员进行什么样的工作、人员如何开展工作等都有一定的指导作用，同时也明确人员不能做什么、违背了规则会受到什么惩罚等，这体现出制度的指导性和约束性。

3.制度具有激励性、鞭策性。

制度在制定后就会对全员进行公示，包括发送书面文件或者张贴在工作现场，随时鞭策和激励人员遵守规则、努力工作。

企业制度建设管理的主要工作内容见图 13-1。

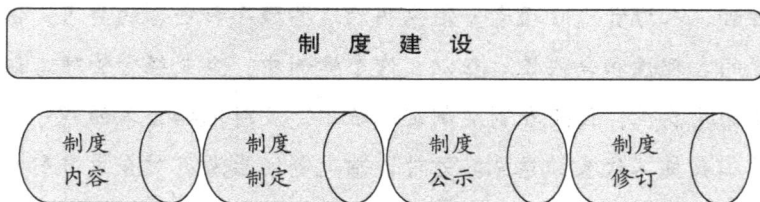

图 13-1　制度建设管理主要工作内容

13.3.2　规章制度常见分类

企业的规章制度最常见的是按照企业部门或者管理模块划分类别。例如：销售管理类、技术管理类、生产管理类、财务管理类、人力资源管理类、行政管理类等。

另外，有的企业也按照不同的管理方向划分。例如：经营管理类、技术研发类、生产实施类、综合后勤类等。

13.3.3　主要规章制度

在这里我们列举一些企业主要的规章制度，见表 13-2。

表 13-2　　　　　　　　　　　企业主要规章制度表

类　　别	主要规章制度
销售管理类	销售合同管理制度、项目立项管理制度、投标管理制度、销售回款管理制度、采购管理制度、供应商管理制度等。
技术管理类	技术研发管理制度、技术质量管理制度、技术项目管理制度等。
生产管理类	生产工艺管理制度、生产配方管理制度、生产流程管理制度、生产安全管理制度等。
财务管理类	财务核算管理制度、财务费用管理制度、资金管理制度、发票管理制度、固定资产管理制度等。
人力资源管理类	招聘管理制度、考勤管理制度、薪酬管理制度、考核管理制度、培训管理制度、劳动合同管理制度、调动管理制度等。
行政管理类	印章管理制度、公文管理制度、会议室管理制度、着装管理制度、出入管理制度、邮箱管理制度、名片管理制度、票务管理制度、车辆管理制度等。
其他类	信息安全管理制度、内部审计管理制度、机房管理制度等。

13.4 制定规章制度

13.4.1 规章制度的格式

书写规章制度需要依据一定的格式，下面，就介绍一下规章制度常用的格式：

1. 标题

企业规章制度的标题一般以《×××制度》构成，如《考勤管理制度》《安全管理制度》等；另外，也有的规章制度以《×××管理办法》《×××管理规定》《关于×××的规定》《关于×××的管理办法》等命名。

2. 正文

企业规章制度的正文写法比较常见的是分章分条式和分条式两种。

（1）分章分条式。即将规章制度的内容分成若干章，每章又分若干条。第一章是总则，中间各章叫分则，最后一章叫附则。总则一般写原则性、普遍性、共同性的内容，主要包括：制度制定的依据、制定宗旨、适用范围、定义等。分则指接在总则之后的具体内容，通常按逻辑顺序，或分内容，分别排列。附则一般包括制定部门、解释部门、实施日期、附件等说明。

（2）分条式。即将规章制度的全部内容都按条表述，包括开头部分的目的、意义，主体部分的各种内容，结尾部分的说明等，逐条表达。

3. 补充内容

规章制度的标题和正文完成后，一般会有一些补充内容，包括制定部门、颁布日期、签发人、发送范围等。

13.4.2 规章制度的内容

企业规章制度的内容是非常重要的，具体有以下几方面的要求：

1. 内容的合法性

企业规章制度相当于是企业的法律法规，要求企业内所有人员都遵守。企业规章制度的前提是内容的合法性，必须要符合国家和地方的法律法规，不能出现"小法"违背"大法"的问题，否则企业规章制度就是无效的。

2. 内容的严谨性

企业规章制度是严谨的，除了格式上的严谨以外，在内容上也要非常严谨，包括叙述语言需要是正式的书面语言，内容前后逻辑通顺，内容的整体性强，语言精练、易于理解等。

3. 内容的适用性

企业规章制度毕竟是约束企业人员的，同时，企业规章制度还要为企业的经营管理服务，保证企业经营管理的正常执行。因此，企业规章制度对于不同企业要有适用性，要在合法性、内容严谨性的基础上，结合企业的实际情况制定适用性强的规章制度。

13.4.3　规章制度的制定流程

制定流程是规章制度制定工作中的关键点，规章制度一般由部门或某一部门牵头草拟初稿，草拟初稿后会组织第一轮讨论、修改，之后会报工会或职工代表大会讨论（这一步很关键，关系到制度的合法性），再进行第二轮修改，最后需要报总经理和董事会进行审批，审批通过后向全体员工公示。规章制度的制定流程见图 13-2。

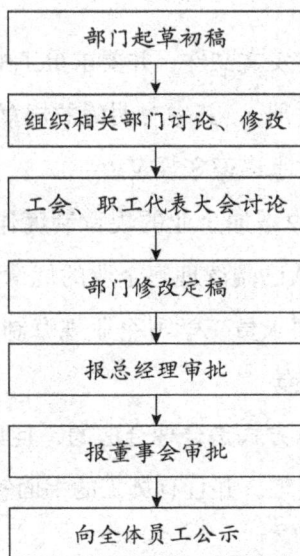

```
┌─────────────────────┐
│    部门起草初稿      │
└─────────────────────┘
          ↓
┌─────────────────────┐
│ 组织相关部门讨论、修改 │
└─────────────────────┘
          ↓
┌─────────────────────┐
│ 工会、职工代表大会讨论 │
└─────────────────────┘
          ↓
┌─────────────────────┐
│    部门修改定稿      │
└─────────────────────┘
          ↓
┌─────────────────────┐
│    报总经理审批      │
└─────────────────────┘
          ↓
┌─────────────────────┐
│    报董事会审批      │
└─────────────────────┘
          ↓
┌─────────────────────┐
│    向全体员工公示     │
└─────────────────────┘
```

图 13-2　规章制度制定流程

13.5 | 公示规章制度

13.5.1　规章制度公示的要求

《劳动合同法》要求："用人单位应当将直接涉及劳动者切身利益的规章制度和重大事项决定公示，或者告知劳动者。"

规章制度的公示是要求企业员工遵守规章制度的前提，未经合法公示的规章制度是不具有法律效力的，不能作为处罚员工或与员工解除劳动合同的依据。

13.5.2　规章制度公示的方式

企业规章制度的公示方式比较多，一般企业采取的比较合适、有效的规章制度公示方式包括：

1. 组织全体员工培训学习规章制度，保留员工签名的培训签到册、培训记录及考试记录；

2. 向全体员工发送制度发文文件，并要求员工书面签收；

3. 给员工发送《员工手册》，其中有明确的规章制度，要求员工学习并签收，让员工确认阅读签收并承诺遵守规定；

4. 在《劳动合同书》中增加企业的规章制度作为劳动合同的有效附件，在员工签署劳动合同时确认已阅读理解企业的规章制度，并承诺遵守；

5. 在新员工培训中，要求员工学习企业规章制度并进行考试，保留相应的培训签到记录、考试记录等。

以上企业规章制度公示方式是合理合法的，且具有法律效力。总体上说，就是要以正式的方式告知员工，并且有员工的书面签字确认的证据。

企业规章制度的其他公示方式

在现实企业管理中，还有一些方式，虽然在劳动合同中可以进行约定，如企业内部公告栏张贴、企业内部网站公布、电子邮件群发、开会口头通知等。但是，一旦产生劳动争议，或者企业要对员工进行处罚时，这些方式在要求企业举证时就会出现困难，无法证明员工已经知悉并同意遵守。所以，还是采取本章介绍的五种规章制度以书面的公示方式更为妥当。

13.6　修订规章制度

13.6.1　规章制度修订的原因

企业规章制度在制定后，还需要定期进行修订，主要原因如下：

1. 外部（国家、地区）的法律法规有调整变化。

2. 企业所在行业出现新的规范与要求。

3. 企业业务、技术等发生重大调整与变化。

4. 企业经营管理调整，包括流程再造、架构调整等提出新的要求。

5. 其他需要修订制度的原因。

由于现代市场环境和企业经营环境正处于变化和调整比较多的时期，一般来说，企业规章制度以一年至两年为单位进行修订。

13.6.2　规章制度修订注意事项

企业规章制度的修订与制定基本一致，包括内容要求、格式要求、制定流程及制度公示等，均需要在修订过程中重新执行。

13.7 制度法规解读

与规章制度相关的法律法规主要包括三个方面："企业必须要制定规章制度，并告知员工""企业制定的规章制度若违法员工可以解除劳动合同"，以及"当员工严重违反企业规章制度时，企业可以与员工解除劳动合同"。

1. 企业必须要制定规章制度，并告知员工。

国家《劳动合同法》相关条款

第四条 用人单位应当依法建立和完善劳动规章制度，保障劳动者享有劳动权利、履行劳动义务。

用人单位在制定、修改或者决定有关劳动报酬、工作时间、休息休假、劳动安全卫生、保险福利、职工培训、劳动纪律以及劳动定额管理等直接涉及劳动者切身利益的规章制度或者重大事项时，应当经职工代表大会或者全体职工讨论，提出方案和意见，与工会或者职工代表平等协商确定。

在规章制度和重大事项决定实施过程中，工会或者职工认为不适当的，有权向用人单位提出，通过协商予以修改完善。

用人单位应当将直接涉及劳动者切身利益的规章制度和重大事项决定公示，或者告知劳动者。

应用解析

需要注意的是企业制定制度时需要经职工代表大会或全体职工讨论以及需要公示，告知劳动者，这两点非常关键。

2. 企业制定的规章制度若违法，员工可以解除劳动合同。

国家《劳动合同法》相关条款

第三十八条 用人单位有下列情形之一的，劳动者可以解除劳动合同：
……

（四）用人单位的规章制度违反法律、法规的规定，损害劳动者权益的；

……

第八十条 用人单位直接涉及劳动者切身利益的规章制度违反法律、法规规定的，由劳动行政部门责令改正，给予警告；给劳动者造成损害的，应当承担赔偿责任。

应用解析

这两条对于企业规章制度有约束性的要求，就是合法性与合理性，这在制定企业规章制度时，内容要求一定要合法、严谨。

3. 当员工严重违反企业规章制度时，企业可以与员工解除劳动合同。

国家《劳动合同法》相关条款

第三十九条 劳动者有下列情形之一的，用人单位可以解除劳动合同：

……

（二）严重违反用人单位的规章制度的；

（三）严重失职，营私舞弊，给用人单位造成重大损害的；

……

应用解析

这里需要注意的是"严重"，必须要在企业规章制度中明确什么是"严重"违反，而且要有合理性。

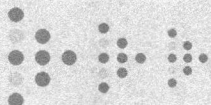

第14章

离职管理

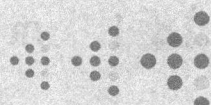

员工离职管理包括哪些内容?

如何落实员工离职面谈工作?

员工离职手续如何进行规范?

如何维护与离职员工的关系?

14.1 | HR 应知应会

离职管理工作模块是人力资源管理中员工关系管理的重点工作模块之一，也是 HR 初级从业人员应掌握和熟练应用的工作模块（具体见表 14-1 "离职管理"要点、技能、流程、图表）。离职管理工作模块共包括 4 项工作要点，具体细分为 7 项关键技能，需要掌握 2 个关键流程和 5 个关键图表。

表 14-1　　　　　　　"离职管理"要点、技能、流程、图表

序号	4 项工作要点	7 项关键技能	2 个关键流程	5 个关键图表
1	理解离职管理	理解离职管理内容	员工入职流程	
2	管理离职面谈	掌握离职面谈方法		员工离职访谈记录
3	办理离职手续	明确离职办理流程 明确离职审批手续 明确离职交接手续 开具离职人员证明	员工离职办理流程	辞职申请书 离职人员审批表 离职人员交接表 离职证明
4	维护离职关系	掌握离职关系维护		

14.2 实战案例分析

实景重现

小张到 M 公司工作已经两年了，任项目经理职位。刚到公司时，小张负责了几个小项目，工作比较出色，因此公司让他负责一个大的项目。在做大项目期间，由于涉及部门较多，协调工作量大，小张感觉工作很吃力，向部门经理汇报后，虽然公司也出面帮助协调，但最终责任还在作为项目经理的小张身上，大项目结束以后，小张以工作太累为由坚决辞去了在 M 公司的工作。之后，小张又应聘到另外一家公司工作，还任项目经理，但工作了一段时间之后，就感觉很不适应，新公司给予小张的机会和信任不多，只让他负责部分小项目，而且，新公司不注重交流，不像在 M 公司时团队氛围那么融洽。小张在离开 M 公司后，原来的经理、HR 仍与他保持着联系，还定期把公司的刊物寄给他。小张在离开半年后又回到 M 公司，负责公司一个非常重要的项目。

案例分析

员工离职在现代企业中是非常常见的现象，而且，一般行业都存在 15% 左右的离职率，在一些新型行业，如软件开发、互联网等，年离职率甚至高达 40%。与离职率增高相随的另外一个现象就是老员工回归，员工可能会抱怨一个企业存在的问题，但当员工离开到别的企业后，又会发现别的企业也会有这样或那样的问题。在上面这个案例中，我们可以看到，与离职员工持续沟通感情、保持联系的重要性，有些优秀的人才虽然暂时流失，但后续仍有可能继续回归企业，为企业创造更大的价值。因此，现代人力资源管理中，已经不是将离职员工看成对立面，而是作为人才蓄水池，作为企业未来人才选拔、培养的后备人员来管理。

14.3 理解离职管理

离职，是员工离开公司的最后一环，也是员工与公司解除劳动关系的标志。离职工作可以加强公司的劳动纪律、保证员工与公司双方的利益；同时，通过离职管理，也可以融合员工关系，使员工能以良好的心态离开公司，并发现公司在管理方面存在的问题，以便公司不断改进。

员工离职管理的主要工作内容见图 14-1。

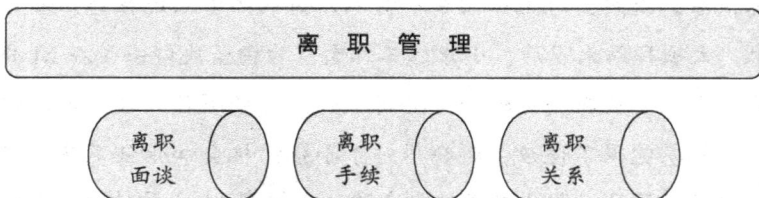

图 14-1　员工离职管理主要工作内容

14.4 管理离职面谈

员工离职面谈是离职管理中的一项重要工作，一般来说，离职面谈的主要目标有：

（1）了解员工离开公司的真实原因，为下一步分析改进经营管理提供建议；

（2）了解员工在公司期间的感受，总结优势、发现问题；

（3）了解员工对公司的意见和建议，往往员工离开时会直接提出对公司的意见；

（4）了解员工下一步的去向，包括去向公司、去向职位、薪酬状况等。

一般来说，在由公司提出解除劳动合同的情况下，公司对于员工离职的原因是非常清楚的，所以离职面谈只针对员工主动提出离职的情况进行访谈，可以使用离职访谈记录（见表 14-2）。

表 14-2　　　　　　　　　　　　　**员工离职访谈记录**

姓　　名：　　　　　　　　　　　直属上级：

部　　门：　　　　　　　　　　　职位：

入职日期：　　　　　　　　　　　最后工作日：

离职面谈日期：　　　　　　　　　离职面谈人：

离职类别：(　　) 自愿离职 (　　) 非自愿离职

面谈记录：

(一) 离职原因分析：

　　是什么促使你离开现任岗位？（离职原因）（可以多选）

1. 个人方主导：

A. 薪金低　　　　　　　　B. 福利不够　　　　　　　C. 不满意公司的政策和措施

D. 工作环境差　　　　　　E. 没有事业发展机会　　　F. 缺少培训和成长机会

G. 工作量太少或太枯燥　　H. 工作量太大　　　　　　I. 经常出差

J. 同事关系不融洽　　　　K. 与上司关系不融洽　　　L. 转换行业 / 专业

M. 找到更好的工作　　　　N. 自己经营生意　　　　　O. 回校深造

P. 家庭原因　　　　　　　Q. 健康原因　　　　　　　R. 出国 / 考研 / 考资格证书

S. 其他：_____

2. 公司方主导：

A. 技能达不到岗位任职要求　　B. 绩效达不到公司要求　　　　C. 组织结构调整

D. 缩减人员编制　　　　　　　E. 违反公司制度而解除劳动合同　F. 违法犯罪

G. 其他：_____

(二) 目前工作分析：

1. 目前主要在从事什么工作内容 / 项目 / 业务？你认为目前担任的工作对你是否合适？

2. 在执行工作时，曾碰到什么困难？

3. 你的工作目标达成 / 绩效情况如何 / 多少？

(三)关于薪酬、个人发展:

1.你认为你的工作报酬是否合理?

2.你期望达到的薪酬或者外部公司给予的薪酬如何?

3.你曾参加过公司哪些培训,觉得哪些培训是你最需要的?

(四)关于团队:

1.对你所在的部门/事业部,你觉得哪些地方是你比较适应的,哪些是你不适应的?

2.你觉得公司在哪些方面可以做得更好/不够好?

(五)意见与建议:

你对部门/公司有什么意见与建议?

(六)离职后的动向:

1.你将/已在何地/何类型的公司应聘何种岗位?

2.你对自己将来的职位规划有何想法?

3.下一步工作动向和联系方式:

离职去向:

个人电话:

个人地址:

个人邮箱:

(七)其他:

面谈人(签字):_____   日期:_____

14.5　办理离职手续

14.5.1　离职办理流程

　　员工离职手续的具体工作流程可以参照劳动合同解除和劳动合同终止流程执行。一般来说，员工离职办理流程如图 14-2 所示。

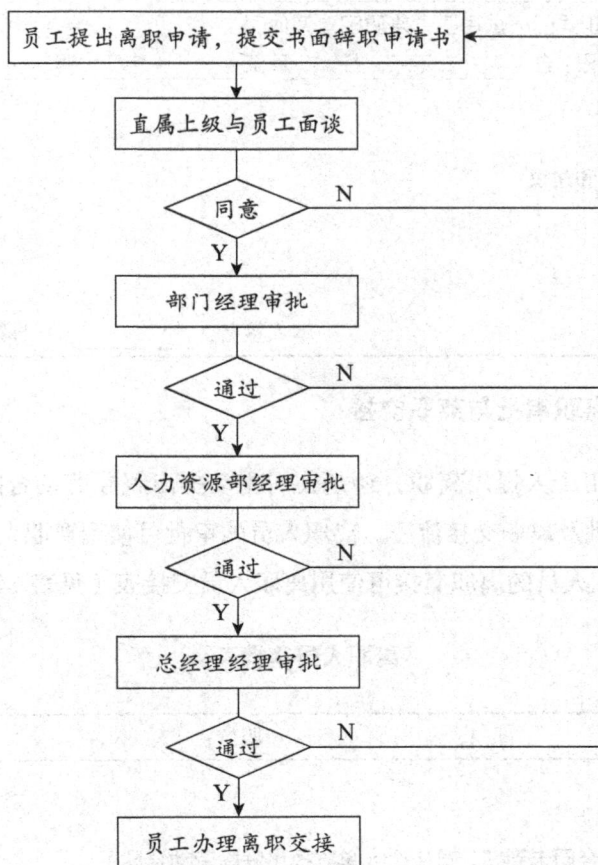

图 14-2　员工离职办理流程

14.5.2　员工主动提出离职

一般来说，如果是员工个人主动提出离职的，需要提交书面的辞职申请书（见表 14-3）。

表 14-3　　　　　　　　　　　　辞职申请书

1. 本人基本情况： 　　进公司时间：_____年____月____日，至今共计_____时间； 　　任职部门：_____；所任职位：_____； 　　期间调动情况：_____； 　　目前身份：正式□　试用□　兼职□　其他□ 　　劳动合同期限：自_____年____月____日至_____年____月____日 2. 辞职原因： 3. 对公司的意见和建议： 4. 其他： 　　　　　　　　　　　　　　本人签名：_____　日期：_____

14.5.3　离职审批与离职交接

不论是员工个人提出离职，还是公司主动提出解除劳动合同，都需要履行离职人员审批及离职交接流程。离职人员的审批可使用离职人员审批表（见表 14-4），离职人员的离职交接可使用离职人员交接表（见表 14-5）。

表 14-4　　　　　　　　　　　　离职人员审批表

姓名：　　　　　　　部门：　　　　　　　职位：
直属上级意见： 一、离职原因： 1. 辞职（指劳动合同未到期，员工个人单方提出解除劳动合同）　　　　　　　□ 2. 辞退（指劳动合同未到期，公司单方提出解除劳动合同）　　　　　　　　□ 　　辞退具体原因说明：

辞退日期：
3. 协商解除劳动合同（指劳动合同未到期，员工个人和公司双方协商解除劳动合同，双方均不承担违约责任）　　　　　　　　　　　　　　　　　　　　　　□ 4. 劳动合同期满（指劳动合同期满，员工个人和公司有一方不再续签合同）　　□ 5. 其他原因（请注明）： 二、员工工作表现综述：   三、劳动合同处理意见：   　　　　　　　　　　　　　　　签名：＿＿＿＿＿＿＿　　日期：＿＿＿＿＿＿＿
部门经理意见：   　　　　　　　　　　　　　　　签名：＿＿＿＿＿＿＿　　日期：＿＿＿＿＿＿＿
人力资源部意见：   　　　　　　　　　　　　　　　签名：＿＿＿＿＿＿＿　　日期：＿＿＿＿＿＿＿
总经理意见：   　　　　　　　　　　　　　　　签名：＿＿＿＿＿＿＿　　日期：＿＿＿＿＿＿＿

表 14-5　　　　　　　　　　　离职人员交接表

部门工作交接： 　1. 源程序：□有，□是否已交接并验收确认 　　　　　　□无　　　　　　　　　　　　　　　　　负责人：＿＿＿＿＿＿ 　2. 项目文档：□有，□是否已交接并验收确认 　　　　　　□无　　　　　　　　　　　　　　　　　负责人：＿＿＿＿＿＿

3. 客户档案：□有，□是否已交接并验收确认 　　　　　　□无	负责人：_____
4. 合同：□有，□是否已交接并验收确认 　　　　□无	负责人：_____
5. 印信、证章：□有，□是否已交接并验收确认 　　　　　　　□无	负责人：_____
6. 其他：（请列明交接内容）	负责人：_____
其他说明： 　　　　　　　　　　部门经理签名：_____	日期：_____
行政部： 　□借阅图书已归还 　□文件柜、抽屉、衣柜、书柜钥匙已归还 　□电话机已归还 　□剩余名片已交回 其他说明： 　　　　　　　　　行政部经理签名：_____	负责人：_____ 负责人：_____ 负责人：_____ 负责人：_____ 日期：_____
信息管理部： 　□ 计算机已查验 　□ E-mail 信箱（_____）已取消 　□ 电话分机号已取消 其他说明： 　　　　　　　　信息管理部经理签名：_____	负责人：_____ 负责人：_____ 负责人：_____ 日期：_____
财务部： 　□借支款项已还清 　□服务器、计算机、打印机、扫描仪等设备已归还 其他说明： 　　　　　　　　　财务部经理签名：_____	负责人：_____ 负责人：_____ 日期：_____

人力资源部：

    □本月考勤情况：

        该员工自   月   日至   月   日

        应出勤 _____ 天，其中扣除假期（   ）共 _____ 天，

        实际出勤 _____ 天。

        说明：   负责人： _____

    □工牌已交回   编号：   负责人： _____

    □剩余假期情况：

        年休假 _____ 天；调休假 _____ 天；共计： _____ 天。

        说明：   负责人： _____

    □ 工资：应发（   ）_____ 元，扣款（   ）_____ 元，

        实发 _____ 元。

        说明：   负责人： _____

    □福利保险

        1. 养老保险   □封存   □转出   负责人： _____

        2. 大病医疗社会统筹   □封存   □转出   负责人： _____

        3. 失业保险   □封存   □转出   负责人： _____

        4. 住房公积金   □封存   □转出   □提取   负责人： _____

    □档案情况：   负责人： _____

    □户口情况：   负责人： _____

其他说明：

                         人力资源部经理签名： _____   日期： _____

劳动合同处理结果：

本手续办理完毕，公司与员工的劳动合同：

    □正式解除   □正式终止

其他说明：

                         人力资源部经理签名： _____   日期： _____

本人声明：

    本人对于以上审批／交接表中所列全部事宜均无任何异议。

                              本人签名： _____   日期： _____

14.6 维护离职关系

离职员工虽然离开了公司，但随着其个人成长、职业发展，也许今后还有可能继续回到公司工作。因此，维护离职员工与公司的员工关系也是公司重要的一个方面。

维护与离职员工的员工关系重在体现公司不会因离职而忘记大家，仍在关注大家的成长与发展，同时，通过维护离职员工的员工关系，可以让他们及时了解公司的成长与发展，还可以在业内树立起良好的市场品牌。

离职员工的员工关系一般通过以下几个方面进行维护：

1. 离职沟通

对于主动离职的员工，通过离职面谈了解员工离职的真实原因以便公司改进管理；对于被动离职的员工，通过离职面谈提供职业发展建议。与离职员工进行友善的离职面谈，使其能成为企业外部可供开发的人力资源，更是企业文化、企业形象的正面宣传窗口。

2. 建立离职员工管理档案

档案内容至少应包括离职去向、离职原因、联系方式、后续追踪管理记录等内容。定期与离职员工进行电话或当面交流，了解其个人发展，并介绍公司的情况。

3. 定期维护与离职人员关系

员工离职后，定期通过不同的方式维护关系，包括每逢重大节假日或生日寄出由公司总经理亲笔签名的贺卡或生日慰问礼品、定期邮寄公司内部刊物、定期组织离职员工回企业参加聚会，等等。

Human Resources 经验分享

离职员工的回头率

在企业的管理实践中，离职员工再次回归企业逐步成为一个普遍的现象，甚至有同一员工几进几出同一企业的情况。因此，企业的离职员工管理也逐步成为人力资源管理中一个新的分支。有些企业组织了离职员工群，还为这样的群起了特别的名字，他们定期进行聚会，甚至成为有规模、有组织的群体。

14.7 离职法规解读

关于离职相关的法律法规，主要集中在"企业为劳动者办理档案和社会保险关系转移""支付经济补偿金"及"开具离职证明"等方面。

国家《劳动合同法》相关条款

第五十条　用人单位应当在解除或者终止劳动合同时出具解除或者终止劳动合同的证明，并在十五日内为劳动者办理档案和社会保险关系转移手续。

劳动者应当按照双方约定，办理工作交接。用人单位依照本法有关规定应当向劳动者支付经济补偿的，在办结工作交接时支付。

用人单位对已经解除或者终止的劳动合同的文本，至少保存二年备查。

第八十九条　用人单位违反本法规定未向劳动者出具解除或者终止劳动合同的书面证明，由劳动行政部门责令改正；给劳动者造成损害的，应当承担赔偿责任。

应用解析

需要注意的是往往在离职手续办理过程中会产生一些纠纷，企业说是员工未办理离职手续而不支付经济补偿金、不开具离职证明，但员工会说企业不按期支付经济补偿金和开具离职证明是违法的；因此，要在离职关系维护和离职手续办理中，积极跟进、协调，避免劳动争议的产生。

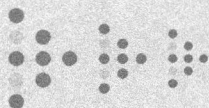

第 **15** 章

劳动争议

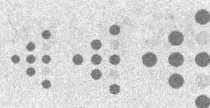

劳动争议整体流程如何执行?

如何合法合理应对劳动争议?

企业如何避免产生劳动争议?

15.1 | HR 应知应会

　　劳动争议工作模块是人力资源管理中员工关系管理的重点模块之一，虽然日常人力资源管理工作中不常常使用，但 HR 从业人员应学习、掌握和应用该工作模块（具体见表 15-1 "劳动争议"要点、技能、流程、图表）。劳动争议工作模块共包括 3 项工作要点，具体细分为 4 项关键技能，需要掌握 1 个关键流程和 7 个关键图表。

表 15-1　　　　　"劳动争议"要点、技能、流程、图表

序号	3 项工作要点	4 项关键技能	1 个关键流程	7 个关键图表
1	理解劳动争议	明确劳动争议流程	劳动争议工作流程	
2	应对劳动争议	掌握劳动仲裁申请 掌握劳动仲裁应诉		劳动仲裁申请书 劳动仲裁应诉材料清单表 法定代表人身份证明书 授权委托书 送达地址确认书 劳动争议应诉答辩书 证据材料清单
3	规避劳动争议	掌握规避劳动争议		

15.2 | 实战案例分析

实景重现

N 公司已经成立三年多了，但业务一直发展得很不好，市场开拓存在问题、产品滞销，公司的现金流几乎断流了，连发工资都有困难。为了减轻负担，公司总经理李总决定与部分员工解除劳动合同，由于无力支付补偿金，他直接开会通知部分员工不要再来上班，公司只会把工资发放至最后的工作日，没有补偿金。他的行为激起了员工的不满，大家都认为自己工作很努力，公司经营情况不好，不是员工的责任，公司辞退员工理应支付补偿金，于是有 8 名员工联合提起劳动仲裁，要求 N 公司支付补偿金。

案例分析

在现代社会中，越来越多的企业要面对自由竞争的市场环境，承担竞争不利带来的后果，或者是企业倒闭，或者是被并购，或者被迫转型等。另外，随着国家法律机制的完善、劳动者维权意识的提升，关于劳动用工的相关法律法规越来越健全，员工对于自身的权益要求也越来越高。所以，在企业人力资源管理领域中，有越来越多的机会面对劳资纠纷（包括劳动仲裁）。在以上的案例中，我们就可以看出这种矛盾：站在企业的角度，的确由于经营不好，无力支付工资和补偿金。而站在员工的角度，员工也是无辜的，辛苦付出努力后却被离职，还没有补偿金。这就需要人力资源管理人员协调劳资双方的关系，维护双方权益的同时，促进双方互作让步，协商处理、达成一致。

15.3 | 理解劳动争议

劳动争议是员工或企业就劳动关系中的部分事宜无法达成一致意见，而向国家劳动仲裁机构申请争议解决的方式。企业与员工发生的劳动争议包括：

1. 因确认劳动关系发生的争议；

2. 因订立、履行、变更、解除和终止劳动合同发生的争议；

3. 因除名、辞退和辞职、离职发生的争议；

4. 因工作时间、休息休假、社会保险、福利、培训以及劳动保护发生的争议；

5. 因劳动报酬、工伤医疗费、经济补偿或者赔偿金等发生的争议；

6. 法律、法规规定的其他劳动争议。

劳动争议的整体工作流程如图 15-1。

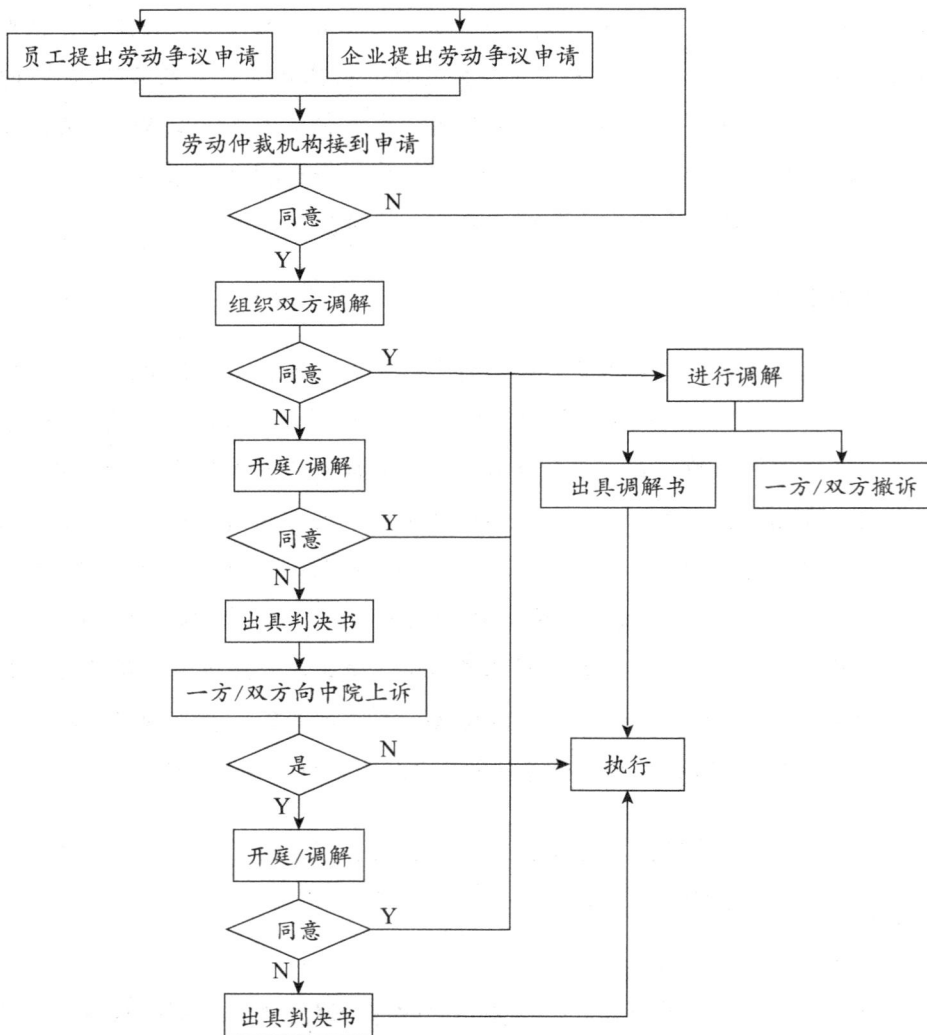

图 15-1　劳动争议工作流程

15.4 应对劳动争议

15.4.1 劳动仲裁申请

在实践工作中，申请劳动仲裁的多为员工。一般来说，员工提起劳动仲裁会到主管部门提出书面申请（见表 15–2）。

表 15–2　　　　　　　　　　劳动仲裁申请书

申请人		被申请人		
姓　　名		单位名称		
性　　别		企业性质		
出生日期		境外合资方名称		
经常居住地		中方主管机关		
户口所在地		法定代表人（负责人）	姓名	
户口性质	城镇、农村		性别	
现工作单位			职务	
职　　业		住所地		
是否签合同				
身份证件类型		办公地或经营地		
身份证件号码		法人代码		
联系电话		联系电话		

请求事项：

_____

事实和理由：

_____

_____

申请人（签名或盖章）：

_____年_____月_____日

附：

在劳动仲裁申请书的"请求事项"和"事实和理由"两部分，劳动仲裁主管部门要求提起劳动仲裁的员工详细填写，以下就是一个实例（见表15-3）。

表 15-3　　　　　　　　　　　劳动仲裁申请书具体内容

请求事项：

一、要求被申请人支付 ×××× 年 ×× 月 ×× 日至 ×××× 年 ×× 月 ×× 日的工资 ×××× 元。

二、要求被申请人支付解除劳动合同补偿金 ×××× 元。

以上两项合计：×××× 元。

事实和理由：

申请人于 ×××× 年 ×× 月 ×× 日加入被申请人公司，双方签订为期三年的劳动合同，并约定月工资为 ×××× 元。×××× 年 ×× 月 ×× 日，被申请人未按合同约定支付申请人 ×××× 年 ×× 月 ×× 日至 ×××× 年 ×× 月 ×× 日的工资，同时，也未以合法的书面形式通知申请人解除劳动合同。申请人认为被申请人已经违反劳动法，要求支付 ×××× 年 ×× 月 ×× 日至 ×××× 年 ×× 月 ×× 日的工资 ×××× 元，同时，支付单方解除劳动合同的补偿金 ×××× 元。

此致

×××市劳动争议仲裁委员会

申请人：张 ××（签名）

____年____月____日

15.4.2　劳动仲裁应诉

企业作为劳动仲裁的被诉方是比较常见的，一般由劳动仲裁委电话或书面通知企业负责人或人力资源部，企业接到通知后，需要持企业的介绍信到劳动仲裁委领取应诉资料。

企业应诉需要准备的材料清单见表15-4。

表 15-4   **劳动仲裁应诉材料清单表**

序号	应诉材料名称	资料要求
1	企业营业执照副本复印件	营业执照已经正常年检，需要加盖公章
2	法定代表人身份证明书	法定代表人姓名必须与企业营业执照上的法定代表人相同
3	授权委托书	被委托人必须是专业律师或公司员工
4	被委托人身份证复印件	与授权委托书上相同
5	被委托人劳动合同复印件	证明被委托人为公司员工
6	送达地址确认书	保证地址准确
7	答辩书	写明反驳的事实与理由
8	证据材料清单	与答辩书相匹配，证明答辩书中的内容
9	证据复印件	与证据材料清单相匹配
10	其他资料	如需要补充的资料

《法定代表人身份证明书》（见表15-5）主要是为了证明法定代表人的身份，需要加盖公章。同时，要确认法定代表人与企业营业执照上登记的法定代表人一致。

表 15-5   **法定代表人身份证明书**

_____ 现担任我单位 _____ 职务，为我单位法定代表人，特此证明。联系电话：_____ 我单位主管部门为 _____ _____（中央在京单位，市、区、县，委、办、局）。单位法人代码 _____。 _____年___月___日 （盖章）

《授权委托书》（见表15-6）是代表企业处理劳动争议的具体人员，需要注意的是该人员必须为企业的员工（需要提供身份证明和劳动合同）或者是执业律师。

表 15-6 授权委托书

<table>
<tr><td colspan="2">_____劳动（人事）争议仲裁委员会：
　　你委受理的关于_____的劳动争议一案，
依照法律规定，特委托_____为我（单位）的代理人，参加本案仲裁活动。
委托代理人：
　　姓名：　　　　　　　性别：　　　　　　年龄：
　　工作单位及职务：
　　经常居住地：
　　联系电话：
委托事项和代理权限如下（请在以下两项中选择其一进行勾选）：
　　1. 一般代理。　　　　　　　　　　　　　　　　　　　　　　　　　　□
　　2. 代为接收法律文书；代为承认、放弃、变更仲裁请求，进行和解，提起反申请。□
　　委托代理人在委托权限范围内签署的有关文书我方均予以承认，并承担法律责任。

　　委托人（签名或盖章）：_____　　　　　___年___月___日

　　委托代理人（签名或盖章）：_____　　　___年___月___日</td></tr>
</table>

《送达地址确认书》（见表 15-7）也需要授权人签字并加盖公司公章，是为了确认相关文件能够准确送达当事人。

表 15-7 送达地址确认书

接收文书人（姓名或单位）			
详细地址			
邮政编码		联系电话	
其他联系方式			
确认上述送达地址准确、有效。 　　　　　　　　　　　　　　当事人签字（盖章）：_____ 　　　　　　　　　　　　　　　　　　　　　___年___月___日			
备注	请填写收件人姓名或名称（全称）及详细地址，地址包括街道及门牌号。联系电话包括宅电、手机、办公电话等。		

　　除了以上基础的资料之外，劳动争议应诉最重要的是提交《劳动争议应诉答辩书》以及准备相应的证据材料（见表 15–8 和表 15–9）。

表 15–8　　　　　　　　　　　**劳动争议应诉答辩书**

劳动（人事）争议仲裁委员会：   公司委托人（签名或盖章）：＿＿＿＿＿＿　　　　　　　　　　＿＿年＿＿月＿＿日 委托代理人（签名或盖章）：＿＿＿＿＿＿　　　　　　　　　　＿＿年＿＿月＿＿日

表 15–9　　　　　　　　　　　**证据材料清单**

提交人签字或盖章：　　　　　　提交日期：　年　月　日

编　号	证据名称	复印件页数	要证明的事实	备　注
合计				
收件人签名或盖章：		收件日期：＿＿年＿＿月＿＿日		

企业在提交《劳动争议应诉答辩书》以及准备相应的证据时需要注意的事项为：

1. 答辩书的内容要有针对性。

在答辩书中最关键的是内容要针对申请人提出的要求进行答辩，针对性要强。表 15-10 就是针对本章"实景重现"中员工提出的劳动仲裁案例撰写的答辩书示例。

表 15-10   答辩书示例

_____劳动（人事）争议仲裁委员会：

关于申请人提出的要求支付××××年××月××日至××××年××月××日的工资××××元，以及要求支付解除劳动合同补偿金××××元，请仲裁委予以驳回，具体理由如下：

申请人张××于××××年××月××日加入我公司，我们双方签订为期三年的劳动合同，并约定月工资为××××元。

××××年××月××日，张××口头提出因家中有事，要请假5个工作日。受项目工作安排的影响，其部门经理要求张××完成项目后再请假，但张××在未办理请假手续的情况下，自××××年××月××日起至××月××日止共计7个工作日擅自离岗，其间未到我公司上班。我公司《考勤管理制度》明确规定："员工未履行请假手续而擅自离岗的视为旷工，连续旷工3日以上的，即为严重违反公司规章制度。公司有权解除劳动合同，并不支付经济补偿金。"

鉴于张××严重违反我公司规章制度，我公司于××××年××月××日以书面形式通知张××解除劳动合同，并未支付经济补偿金。

我公司陈述的以上事实均有相关证据予以证明，请_____劳动（人事）争议仲裁委员会进行审查并驳回申请人张××的两项请求。

                                                      ××公司

委托人（签名或盖章）：_____   ___年___月___日

委托代理人（签名或盖章）：_____   ___年___月___日

---

2. 答辩书的条理要清晰。

答辩书一般以"总分总"的格式书写，先总体论述答辩要求，再展开叙述事实与理由，最后再总结全文的内容。

在阐述事实与理由时，主要针对申请的要求进行反驳，需要注意条理要清晰，切忌论述无关内容或反复论述。语言要简洁，选取正式行文的书面表达方式进行表达。

3.答辩书论述的内容要证据充足，材料准备要齐全。

最后一点也很关键，就是论述的内容要证据充足，而且相关的材料要准备齐全。表 15-11 是根据以上答辩书示例的内容进行的证据材料清单示例，供参考。

表 15-11　　　　　　　　证据材料清单示例

提交人签字或盖章：　　　　　提交日期：××××年××月××日

编号	证据名称	复印件页数	要证明的事实	备注
1	《劳动合同书》	5 页	双方的劳动关系及关于规章制度的约定	
2	《员工手册》	23 页	其中对于员工考勤进行了详细的约定	
3	《学习签到表》	2 页	张××入职后对公司规章制度进行了学习	
4	《考试试卷》	5 页	张××对于公司规章中考勤管理的相关条款是知悉的	
5	《考勤记录表》	8 页	张××自××××年××月××日起至××月××日止擅自未到公司上班的旷工记录	
6	《解除劳动合同通知书》	1 页	公司按照规章制度解除劳动合同	
合计	6 份	44 页		

收件人签名或盖章：　　　　　收件日期：＿＿＿年＿＿月＿＿日

15.5　规避劳动争议

随着国家在人力资源管理领域法律法规的逐步健全，劳动者维权意识的逐步增强，企业面对的劳动争议在逐年增加，作为企业人力资源管理人员，需要更加重视劳动争议处理专业技能的提升。

劳动争议的处理，不仅仅是争议发生后按照法律程序要求应诉，更重要的是如何加强企业管理以提升人力资源管理水平，最终达到规避劳动争议发生的效果。

要想规避劳动争议发生，可以从以下几个方面入手：

1. 企业规章制度的规范。

企业规章制度可以说是企业内部的法律法规，是约束企业与员工双方的规范。关于企业规章制度的管理可以参照本书中的相关章节。在这里只强调关于企业规章制度的几个要点：

（1）企业规章制度的内容要符合国家相关的法律法规要求。企业的"小法"要遵守国家"大法"的要求，这是企业规章制度能够立足的根本。

（2）企业规章制度制定的流程要符合《劳动法》《劳动合同法》的要求。其中最重要的就是征求意见流程和公示流程。

（3）企业规章制度要能够符合企业经营管理的需要。在满足前两个条件的基础上，企业要根据自身经营管理的需要，制定个性化的规章制度，使规章制度真正服务于企业需要，促进企业发展。

2. 员工日常管理的规范。

企业人力资源管理中，员工日常管理的规范是规避劳动争议的关键点。这又可以细化为两点：

（1）员工日常管理要有规范的文件。包括但不限于员工录用通知书、劳动合同书、保密协议、员工手册、薪资（调薪）通知书、岗位调动通知书、任命通知书、绩效考核表、培训审批表、离职交接表等。

（2）员工日常管理要有规范的流程。所有涉及员工管理的各项流程，如录用流程、报到流程、培训流程、薪资变动流程、考核流程、任命流程、离职流程等，均需要明确、严谨，按照流程严格执行。

3. 劳动争议发生前的有效协调。

往往劳动争议的发生是有前因的，而且，还会有一个酝酿的时期，短则1–2周，长的会有几个月，企业人力资源管理人员一定要在日常管理中及时发现劳动争议的前兆，并加强沟通与协调，及时组织相关人员沟通、决策。其实，很多劳动争议出现前，企业和员工会持协商的态度来处理问题，这时就需要企业以冷静的态度去处理，倾听员工的说法，人力资源管理人员扮演着重要的第三方角色为劳资双方完成协调工作，从而找到双方都能接受的折中办法，可以将绝大部分劳动争议扼杀在摇篮里。

有的劳动仲裁只源于"出一口气"

在企业管理中，会有一种现象，那就是管理层与员工怄气。可能是源于对业务发展的不同想法，也可能是性格上的差异导致沟通不畅，还有可能是处事风格造成的冲突，总之，个别管理层与员工的矛盾最终导致了劳动仲裁。在这种情况下，劳动仲裁不是员工个人或企业单方面的问题，而是由人与人的矛盾演变成只为"出一口气"的斗争。对于这类问题，人力资源部的人员就需要及时发现问题，尽早做双方的沟通工作，也可以请政府劳动仲裁部门进行协调，尽量避免矛盾升级。

15.6 劳动争议法规

劳动争议依据的法律法规主要是《劳动争议调解仲裁法》（自 2008 年 5 月 1 日起施行），其中一些主要内容包括：

1. 劳动争议的适用范围

国家《劳动争议调解仲裁法》相关条款

第二条 中华人民共和国境内的用人单位与劳动者发生的下列劳动争议，适用本法：

（一）因确认劳动关系发生的争议；

（二）因订立、履行、变更、解除和终止劳动合同发生的争议；

（三）因除名、辞退和辞职、离职发生的争议；

（四）因工作时间、休息休假、社会保险、福利、培训以及劳动保护发生的争议；

（五）因劳动报酬、工伤医疗费、经济补偿或者赔偿金等发生的争议；

（六）法律、法规规定的其他劳动争议。

2. 劳动争议的诉讼时效问题

国家《劳动争议调解仲裁法》相关条款

第二十七条 劳动争议申请仲裁的时效期间为一年。仲裁时效期间从当事人知道或者应当知道其权利被侵害之日起计算。

……

劳动关系存续期间因拖欠劳动报酬发生争议的，劳动者申请仲裁不受本条第一款规定的仲裁时效期间的限制；但是，劳动关系终止的，应当自劳动关系终止之日起一年内提出。

3. 劳动争议的申请、答辩和开庭时效问题

国家《劳动争议调解仲裁法》相关条款

第二十九条 劳动争议仲裁委员会收到仲裁申请之日起五日内，认为符合受理条件的，应当受理，并通知申请人；认为不符合受理条件的，应当书面通知申请人不予受理，并说明理由。对劳动争议仲裁委员会不予受理或者逾期未作出决定的，申请人可以就该劳动争议事项向人民法院提起诉讼。

第三十条 劳动争议仲裁委员会受理仲裁申请后，应当在五日内将仲裁申请书副本送达被申请人。

被申请人收到仲裁申请书副本后，应当在十日内向劳动争议仲裁委员会提交答辩书。劳动争议仲裁委员会收到答辩书后，应当在五日内将答辩书副本送达申请人。被申请人未提交答辩书的，不影响仲裁程序的进行。

第三十五条 仲裁庭应当在开庭五日前，将开庭日期、地点书面通知双方当事人。当事人有正当理由的，可以在开庭三日前请求延期开庭。是否延期，由劳动争议仲裁委员会决定。

4. 劳动争议的结案时间要求

国家《劳动争议调解仲裁法》相关条款

第四十三条 仲裁庭裁决劳动争议案件，应当自劳动争议仲裁委员会受理仲裁申请之日起四十五日内结束。案情复杂需要延期的，经劳动争议仲裁委员会主任批准，可以延期并书面通知当事人，但是延长期限不得超过十五日。逾期未作出仲裁裁决的，当事人可以就该劳动争议事项向人民法院提起诉讼。

......

5. 劳动争议的上诉时间要求

国家《劳动争议调解仲裁法》相关条款

第五十条 当事人对本法第四十七条规定以外的其他劳动争议案件的仲裁裁决不服的，可以自收到仲裁裁决书之日起十五日内向人民法院提起诉讼；期满不起诉的，裁决书发生法律效力。

应用解析

劳动争议除了上述我们整理的主要法规条款之外，还有其他一些条款，另外，劳动争议由于涉及内容非常广泛，包括薪酬、劳动合同、福利等，还要在具体劳动争议处理过程中依据相应的法律法规。

附录：人力资源管理常用法律法规清单

总体类别	详细类别	法律法规名称
基本法	–	中华人民共和国劳动法
劳动合同管理	–	中华人民共和国劳动合同法
		北京市劳动合同法实施条例
		集体合同规定
		劳务派遣暂行规定
工作时间和休息休假	非全日制就业政策	关于非全日制用工若干问题的意见
		北京市非全日制就业管理若干问题的通知
		劳动部关于企业实行不定时工作制和综合计算工时工作制的审批办法
	国家关于公休假的管理	全国年节及纪念日放假办法
		企业职工带薪年休假实施办法
		职工带薪年休假条例
	女职工劳动保护及产假期	女职工劳动保护特别规定
		北京市实施《女职工劳动保护规定》的若干规定
	企业职工患病或非因工负伤医疗期规定	企业职工患病或非因工负伤医疗期规定
	计划生育政策	北京市人口与计划生育条例
		北京市关于修改《北京市计划生育奖励实施办法》决定
		关于落实《北京市人口与计划生育条例》规定的有关奖励等问题的通知

续表

总体类别	详细类别	法律法规名称
工资	关于工资总额的规定	关于工资总额组成的规定
		关于进一步做好企业工资总额同经济效益挂钩工作的通知
	最低工资水平	国家最低工资规定
		北京市最低工资规定
	工资支付	工资支付暂行规定
		北京市工资支付规定
		关于职工全年月平均工作时间和工资折算问题的通知
	个人所得税政策	中华人民共和国个人所得税法
社会保险和住房公积金	建立社会保险	中华人民共和国社会保险法
		北京市社会保险费征缴若干规定
		北京市历年社会保障相关标准
	养老保险	国务院关于完善企业职工基本养老保险制度的决定
		北京市企业城镇劳动者养老保险规定
		关于贯彻实施《北京市企业城镇劳动者养老保险规定》有关问题的处理办法
	失业保险	北京市失业保险规定
		关于贯彻实施《北京市失业保险规定》有关问题的通知
	医疗保险	北京市基本医疗保险规定
		关于贯彻实施《北京市基本医疗保险规定》有关问题的处理办法
		关于印发《北京市企业补充医疗保险暂行办法》的通知
	工伤保险	工伤保险条例
		北京市企业劳动者工伤保险规定
		关于印发《北京市工伤医疗期暂行办法》的通知
		北京市实施《工伤保险条例》办法
		关于工伤保险工作中有关问题的处理意见
	生育保险	北京市企业职工生育保险规定
		关于印发《北京市生育保险医疗费用审核结算有关问题的处理意见》的通知
		关于下发《北京市生育保险医疗费用支付范围及标准》的通知
		关于贯彻实施《北京市企业职工生育保险规定》有关问题的通知

总体类别	详细类别	法律法规名称
社会保险和住房公积金	住房公积金	住房公积金管理条例
		北京市住房资金管理中心个人住房担保委托贷款办法
	企业年金	企业年金实行办法
		关于贯彻实施《企业年金试行办法有关问题的通知》
		企业年金基金管理试行办法
		关于企业年金基金证券投资有关问题的通知
		关于企业年金方案和基金管理合同备案有关问题的通知
		北京市关于企业年金方案和基金管理合同备案有关问题的通知
就业及人事代理	应届毕业生引进政策	北京市普通高等学校毕业生就业工作意见
		北京市引进非北京生源毕业生紧缺专业目录
		北京市引进非北京生源毕业生工作程序
		关于开展人事代理单位接收高校毕业生计划需求复核申报工作的通知
	工作居住证及人才引进政策	北京市引进人才和办理《北京市工作寄住证》的暂行办法
		关于实施北京市工作居住证制度的若干意见
	工人单调进京政策	关于工人单调进京有关问题的通知
		关于对《关于工人单调进京有关问题的通知》的补充通知
	夫妻两地分居政策	关于解决中级专业技术干部夫妻两地分居问题的通知
		关于解决民营科技与高新技术产业单位在市、区、县人才服务中心存档人员的夫妻两地分居问题的通知（试行）
	档案管理政策	北京市流动人员人事档案管理暂行办法
		关于印发《北京市流动就业人员档案管理规定》
	按比例安置残疾人政策	北京市按比例安排残疾人就业办法
	北京市软件企业高级人才奖励办法	关于北京市软件企业高级人才专项奖励管理暂行办法
	专业技术职称评定政策	专业技术职称评定政策解答
		关于健全技能人才评价体系推进职业技能鉴定工作和职业资格证书制度建设的意见
		关于进一步加强高技能人才评价工作的通知
	港澳台同胞及外国人就业的特殊政策	关于颁发《外国人在中国就业管理规定》的通知
		关于加强外国人在就业管理工作有关问题的通知
		台湾香港澳门居民在内地就业管理规定

续表

总体类别	详细类别	法律法规名称
劳动争议	劳动争议处理	中华人民共和国企业劳动争议处理条例
		中华人民共和国劳动争议调解仲裁法
		关于贯彻执行《中华人民共和国劳动法》若干问题的意见
		最高人民法院关于审理劳动争议案件适用法律若干问题的解释（一）
		最高人民法院关于审理劳动争议案件适用法律若干问题的解释（二）
		最高人民法院关于审理劳动争议案件适用法律若干问题的解释（三）
		最高人民法院关于审理劳动争议案件适用法律若干问题的解释（四）
		违反和解除劳动合同的经济补偿办法
		北京市劳动局关于印发《北京市企业经济性裁减人员规定》的通知
		北京市劳动局关于执行《北京市企业经济性裁减人员规定》的补充通知
	劳动争议委员会组织规则及办案规则	关于颁发《企业劳动争议委员会组织及工作原则》的通知
		《劳动人事争议仲裁组织规则》
		关于印发《北京市劳动争议仲裁开庭公开审理实施办法》的通知
	北京市劳动争议仲裁办案规范	北京市劳动争议仲裁办案规范（试行）
	劳动争议调解仲裁	中华人民共和国劳动争议调解仲裁法
其他	劳动监察	劳动保障监察条例
		关于实施《劳动保障监察条例》若干条例
		北京市劳动保护监察条例
		北京市人民政府发布贯彻《北京市劳动保护监察条例》的四个实施办法的通知
	劳动用工监督	关于取消"劳动保障年检"后要进一步加强对重点行业和企业劳动用工情况实施重点监督检查的通知
	工会	中华人民共和国工会法

注：该清单主要以国家 / 北京地区人力资源管理常用的法律法规为主。

结束语

由于工作的需要，每年都会做几个人力资源管理新人的导师，他们刚刚走出学校的大门，对于人力资源管理职业充满了渴望与憧憬。作为"前辈"，我能感觉到他们对自己快速学习与成长的渴求，每次我都要求他们先静下心来，先学习好"三个一"：即人力资源管理的"一套流程、一套图表、一套法规"。这是人力资源管理的基本功，就像学功夫先压腿一样，没有扎实的专业功底，是无法获得长期的职业发展与成长的。另外，我常对他们说的就是人力资源管理是一个"慢成"职业，经验靠实践工作不断积累，需要"筑沙成塔、韬光养晦、厚积薄发"，着急是要不得的！

我从业很多年，从下决心写这本书、过程中不断煎熬到最终写成了这本书，仍然觉得这是一种积累、一种成长！期望这本书能成为更多人发展的基石！

图书在版编目 (CIP) 数据

老 HRD 手把手教你做人力资源管理：实操版 / 闫轶卿著 . —2 版 .

—北京：中国法制出版社，2019.9（2023.6 重印）

（老 HRD 手把手系列丛书）

ISBN 978-7-5216-0390-3

Ⅰ . ①老⋯ Ⅱ . ①闫⋯ Ⅲ . ①企业管理 — 人力资源管理

Ⅳ . ① F272.92

中国版本图书馆 CIP 数据核字（2019）第 149492 号

策划编辑：潘孝莉（editorwendy@126.com）

责任编辑：潘孝莉　马春芳（machunfang@zgfzs.com）　　　　　封面设计：汪要军

老 HRD 手把手教你做人力资源管理：实操版

LAO HRD SHOUBASHOU JIAO NI ZUO RENLI ZIYUAN GUANLI：SHICAOBAN

著者 / 闫轶卿

经销 / 新华书店

印刷 / 北京虎彩文化传播有限公司

开本 / 787 毫米 × 1092 毫米　16 开　　　　　　　　印张 / 18.75　字数 / 281 千

版次 / 2019 年 9 月第 2 版　　　　　　　　　　　　2023 年 6 月第 3 次印刷

中国法制出版社出版

书号 ISBN 978-7-5216-0390-3　　　　　　　　　　　　　　　定价：66.00 元

北京西单横二条 2 号　邮政编码 100031　　　　　　　　传真：010-66031119

网址：http://www.zgfzs.com　　　　　　　　　　　　编辑部电话：010-66038703

市场营销部电话：010-66017726　　　　　　　　　　邮购部电话：010-66033288

（如有印装质量问题，请与本社印务部联系调换。电话：010-66032926）